Série-Théatre. — N° 16.

LA PETITE ILLUSTRATION

ROMAN — THÉATRE

Revue hebdomadaire

PUBLIANT DES ROMANS INÉDITS ET LES PIÈCES NOUVELLES
JOUÉES DANS LES THÉATRES DE PARIS

Aucun numéro de LA PETITE ILLUSTRATION ne doit être vendu sans le numéro de L'ILLUSTRATION portant la même date

ABONNEMENT ANNUEL

(L'Illustration et La Petite Illustration réunies)

[...]t Colonies. . . . . 40 francs — Étranger . . . . 52 francs

13, RUE SAINT-GEORGES, PARIS

MAISON ORLHAC

A. ORLHAC-PRADIER, Sr
57-59, Rue de Châteaudun, Paris
Place de la Trinité

BIBLIOTHÈQUE TOURNANTE
contenant 12 années
de petite "*Illustration*"

CABINETS DE TRAVAIL
de tous Styles

Noyer ciré 44 fr.

Envoi franco du Catalogue aux lecteurs de *L'Illustration*

CHEVEUX
embellis,
conservés, sauvés
par le
MERVEILLEUX
Pétrole HAHN

EN VENTE dans le Monde entier.
Gros : F. VIBERT, Lyon.

Automobilistes!

OMNIA est la plus belle et pourtant la moins chère de toutes les revues d'automobile. Elle paraît tous les samedis.

Le prix de l'abonnement est de **18f** par an en France (à l'Étranger 25 fr.).

Demandez-en un spécimen gratuit à l'Administration
d'OMNIA, 34, Rue Pergolèse, PARIS.

CORSETS et Soutiens-Gorges
" ARIANE "
Les plus étudiés — Les plus élégants
Les plus confortables.

EXIGER LA MARQUE CI DESSUS

En Vente en France et à l'Étranger
dans les Magasins de Nouveautés et de Spécialités

Demandez le Catalogue à votre fournisseur préféré

Vendu aux États-Unis d'Amérique sous le nom THE FASSO

VENTE en GROS : SAVOYE-DEGLAIRE
Rue Réaumur, 124, PARIS (2e Arrt)

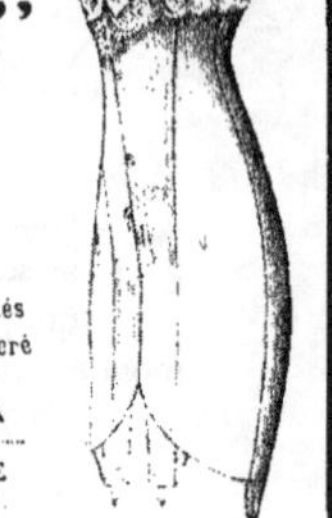

CARTON TRIMESTRIEL POUR COLLECTIONNER

LA PETITE ILLUSTRATION

PRIX : **3 fr.** (Franco de port et d'emballage, **4 fr.**)
EN VENTE AUX BUREAUX DE *L'ILLUSTRATION*, **13, rue Saint-Georges.**

BLANCHE CÂLINE

PIÈCE EN TROIS ACTES

par

PIERRE FRONDAIE

A MICHELLE

QUI FUT UNE BLANCHE CALINE AMUSANTE ET DOULOUREUSE COMME LA VIE, JE DÉDIE CETTE PIÈCE QU'ELLE AIME, ET QU'ELLE A BIEN RAISON D'AIMER.

P. F.

MICHELLE, dans le rôle de Blanche Câline

Blanche Câline *a été représentée, pour la première fois, le 6 avril 1913, au théâtre Michel.*

PHOTOGRAPHIES A. BERT

PERSONNAGES

Lapret, trente-cinq ans . . . . MM. GASTON DUBOSC.
Adrien Meunier . . . . RENÉ MAUPRÉ.
Marseval . . . . ANDRÉ LEFAUR.
Brimbeau . . . . BELIÈRES.
Bourgade . . . . VIBERT.
Kor[illegible] . . . . DARVILLE.

Blanche Câline . . . . Mmes MICHELLE.
Antonine Barg . . . . LUCIENNE GUETT.
Mme Chéry . . . . EUGÉNIE NAU.
La Môme Poésie . . . . YVONNE D'ARTHIGNY
Alice . . . . MARGUERITE ROCH.
Rachel de Cern[illegible] . . . . JULIETTE JADE.

Un Vieux Monsieur. Un Aubergiste. Un Chef. Des Gigolos.
Un Valet de chambre, etc.

Marseval. Laforêt. Câline.
SCÈNE VII. — Laforêt : « *Ma petite Câline, je vous présente mon ami Marseval...* »

BLANCHE CALINE

ACTE PREMIER

Le jardin d'une auberge dans les environs de Fontainebleau, sur un bord de Seine.

Scène première

BRIMBESEC, L'AUBERGISTE, puis LE CHEF

BRIMBESEC. — Est-ce qu'elle aura bientôt les palmes...?

L'AUBERGISTE. — Qui ça?

BRIMBESEC. — La baraque que vous décorez...

L'AUBERGISTE. — C'est pour le 14 juillet!

BRIMBESEC. — Démocrate?

L'AUBERGISTE. — Non. Commerçant!

BRIMBESEC. — C'est ce que je voulais dire... (*Il montre une caisse.*) Et ça, qu'est-ce que c'est?

L'AUBERGISTE. — C'est des lampions... Ne riez pas, il y en a pour dix balles. (*Il appelle.*) Ohé, chef!

Arrive le chef, jeune, habillé en chef.

LE CHEF. — Voilà.

L'AUBERGISTE. — Il faudra appeler le garçon de salle, et vous mettrez des lampions partout.

LE CHEF. — Des lampions! Bien! Mais, tout à l'heure... quand j'aurai fini ma bavaroise...

Digne, il sort.

BRIMBESEC, *sarcastique.* — Il fait une bavaroise! Est-ce que c'est encore par patriotisme?

L'AUBERGISTE. — Oh! vous, naturellement, vous blaguez tout.

Il se remet à l'installation de ses drapeaux.

BRIMBESEC. — ... Depuis quand avez-vous un chef?

L'AUBERGISTE. — C'est un extra. Je le prends pour quarante-huit heures, à cause des fêtes.

BRIMBESEC. — Ce n'est plus Joséphine qui fera la cuisine?

L'AUBERGISTE, *l'imitant.* — Non, ce n'est plus Joséphine qui fera la cuisine.

BRIMBESEC. — C'est gai.

L'AUBERGISTE. — Ça n'a pas besoin d'être gai!...

BRIMBESEC. — Vous allez perdre vos clients. Joséphine était seule capable d'une cuisine loyale.

L'AUBERGISTE. — La cuisine loyale, c'est bon dans la semaine, quand il n'y a personne. Vous oubliez que, demain, je fais cent couverts.

De la maison sort un groupe jeune, joyeux, l'air calicot, trois femmes, dont l'une est grasse, deux hommes: Alice, Marguerite, Lucie, Gaston, Lucien.

Scène II

LES MÊMES, ALICE, MARGUERITE, LUCIE, GASTON, LUCIEN

ALICE. — Allez! De la vitesse! Jusqu'au ponton!... On prendra le canot à pétrole.

MARGUERITE. — Ça colle!

ALICE. — On descendra jusqu'à Fontainebleau.

MARGUERITE. — Oh! non, pas Fontainebleau! La barbe! De l'autre côté! C'est plus sauvage!

LUCIEN, à Gaston. — Crois-tu qu'elles ont les mêmes idées, hein?

MARGUERITE. — On n'a pas les mêmes idées sur la campagne, c'est à cause du quartier: elle travaille aux Galeries Lafayette, tandis que moi je suis du Bon Marché.

GASTON. — Alors!

MARGUERITE. — Et puis, elle est dans les plumes, tandis que moi je suis dans le linge. On ne peut pas s'entendre.

GASTON. — Essayez tout de même... (Puis à Lucie qui n'a rien dit.) Et toi, la grosse, de quel côté que ça te chante?

LUCIE, placide et ravissante. — Moi, je m'en fous, pourvu qu'on rigole.

LUCIEN. — Allez, quoi, venez! On verra toujours...

ALICE. — Et puis, si on ne prend pas le canot, on s'en ira dans la forêt...

GASTON. — Allez, en route...

Ils sortent, criant, chahutant, un refrain à la mode aux lèvres. Leurs voix s'éloignent.

Scène III

BRIMBESEC, L'AUBERGISTE

BRIMBESEC, indigné. — Ah! ils sont bien! Mes compliments! Si c'est ça les nouveaux clients, j'en connais que ça va faire fuir.

Dehors, bruit d'auto qui stoppe.

L'AUBERGISTE, narquois. — Faire fuir? Qui ça, vous?

BRIMBESEC, amer. — Oh! pas moi, bien sûr! Moi, je viens depuis vingt ans... je suis dressé!... Mais le monsieur du premier et sa petite femme... si vous croyez que ça leur plaira, les gigolos! Elle surtout! Elle est gentille. Et puis très comme il faut... dans le fond! Ce n'est pas pour dire... mais des clients aussi bien qu'eux...

L'AUBERGISTE, méprisant. — Faut voir! Moi, j'appelle ça des excentriques. Et, d'abord, ils font chambre à part.

BRIMBESEC. — Non!

L'AUBERGISTE. — Si, monsieur, chambre à part! Moi, n'est-ce pas, je m'en tape, ça double les frais! Mais, si j'étais le monsieur... Attention, un nouveau client. (Il fait demi-tour vivement.) Bonjour, monsieur.

Ceci à Marseval qui entre, tenue d'auto.

Scène IV

L'AUBERGISTE, MARSEVAL, BRIMBESEC une minute.

MARSEVAL. — Bonjour...

L'AUBERGISTE, obséquieux. — Monsieur arrive en auto?

MARSEVAL. — Parfaitement...

L'AUBERGISTE. — Une belle voiture! Monsieur veut peut-être la rentrer?

MARSEVAL. — Non, non, inutile...

L'AUBERGISTE. — Pourtant, sur la route...

MARSEVAL. — Non, non, je la laisse dehors...

L'AUBERGISTE, avec un sourire béat. — Monsieur fait bien, nous n'avons pas de garage...

BRIMBESEC. — Quel daim!

Il s'éloigne.

MARSEVAL. — C'est vous, le patron?

L'AUBERGISTE. — A peu près, monsieur.

MARSEVAL. — Comment, à peu près?

L'AUBERGISTE. — Dame, aujourd'hui, avec tous les syndicats!

MARSEVAL. — M. Laforêt est ici...

L'AUBERGISTE. — Je ne connais pas ce monsieur, monsieur.

MARSEVAL. — Ce monsieur n'est pas là?

L'AUBERGISTE. — Il n'est pas là du tout, monsieur.

MARSEVAL. — Est-ce que vous vous moquez de moi?

L'AUBERGISTE. — Oh! monsieur! Me moquer de monsieur! Monsieur veut rire. Ce monsieur n'est pas là... je le dis à monsieur.

MARSEVAL. — Voyons, un homme de trente-cinq ans, très chic, l'air énergique, la Légion d'honneur...

L'AUBERGISTE. — Oh! monsieur! Beaucoup de messieurs sont comme ce monsieur... Trente-cinq ans, très chic, la Légion d'honneur... dans les environs de Fontainebleau...

MARSEVAL. — S'il n'est pas là, je n'y comprends rien. Je le cherche depuis trois jours. Enfin!... Bonsoir.

Il va pour sortir; Pierre Laforêt l'interpelle de la fenêtre.

Scène V

LES MÊMES, LAFORET, de la fenêtre.

LAFORÊT. — Halte-là, mon vieux! Comment ça va?... Je descends.

MARSEVAL, estomaqué. — Eh bien?

LAFORÊT. — Je descends!

L'AUBERGISTE, désolé. — Monsieur, j'avoue: ce monsieur est là! Mais, ce monsieur...

MARSEVAL, hors de lui. — Assez, monsieur!

L'AUBERGISTE, digne et se retirant. — Bien, monsieur.

Laforêt paraît sur le perron.

Scène VI

LAFORET, MARSEVAL

MARSEVAL. — Ah! mon vieux, ton aubergiste, quelle brute!

LAFORÊT, placide. — N'est-ce pas? La brute rêvée.

MARSEVAL. — On est bien dans son auberge?

LAFORÊT. — Non, pas très bien.

MARSEVAL. — Alors?

LAFORÊT. — Alors, voilà. Je m'y plais!

MARSEVAL. — Faut croire! Voilà huit jours, tu disparais. Plus de tes nouvelles...

LAFORÊT, toujours placide. — Aucune.

MARSEVAL. — Où est Pierre Laforêt? Personne ne sait. Ton courrier reste en panne. Le valet de chambre, fidèle, prépare chaque soir une vaine couverture: les journalistes inventent: l'un te renvoie en Chine; l'autre t'affirme mort; moi-même...

LAFORÊT. — Une seconde, mon vieux! Venir ici, qui t'a donné cette idée-là?

MARSEVAL. — Je ne sais pas au juste... l'instinct. Hier, j'ai été voir Robelle...

LAFORÊT. — Il a beaucoup de talent, cet homme-là.

MARSEVAL. — Beaucoup de talent, mais il est furieux! Comment, il est en train de faire ton portrait! Il compte, à cause de ta renommée, sur un triomphe pour le Salon d'automne et tu le plantes là, sans crier gare, après sept jours de pose!

LAFORÊT. — Il m'ennuyait, son tableau. Il était trop officiel pour moi... En tout cas, ça ne m'indique pas...

MARSEVAL. — ...comment je suis ici? Eh bien, voilà: l'autre jour, en commençant à peindre, Robelle parlait tout le temps de Fontainebleau. J'ai vu que ça t'intéressait..

LAFORÊT. — Oui, par curiosité. Moi, n'est-ce pas, je connais la Chine, le Far West, l'Afrique australe... J'ignore tout à fait la Seine-et-Marne...

MARSEVAL. — Justement. Tu as dit à Robelle: « Il faudra que j'aille voir ça! » Je te connais. Je me suis dit à mon tour: « S'il n'est pas mort, il est en Seine-et-Marne. » J'ai sauté dans ma vingt-quatre, et me voilà. C'est la septième auberge que je visite depuis ce matin. Ce n'est pas la mieux.

LAFORÊT. — Elle n'est pas mal.

MARSEVAL. — Tu es seul?

LAFORÊT. — ... Assez seul.

MARSEVAL. — Décidément, tu es un type extraordinaire! Ne doute pas de la colère d'Antonine Bargès. Elle est furieuse.

LAFORÊT. — Pas possible...

MARSEVAL. — Hier, j'ai été l'entendre au théâtre! Son dernier rôle, qui est un rôle d'amour, elle le joue d'une voix furibarde...

LAFORÊT. — Tiens, tiens...

MARSEVAL. — A l'entr'acte, dans sa loge, elle m'a dit: « Je n'ai pas l'habitude de jouer les femmes plaquées. Tout célèbre et admirable qu'il soit, votre ami Laforêt n'est qu'un... »

LAFORÊT. — Tu as dit: oui.

MARSEVAL, riant. — Je n'ai pas dit: non.

LAFORÊT. — Bravo, mon vieux. C'est comme ça que j'aime les amis. Il ne faut jamais défendre un absent...

MARSEVAL. — C'est inutile...

LAFORÊT. — Et ça crée des difficultés...

MARSEVAL. — Diplomatiques...

LAFORÊT. — Disons le mot!

MARSEVAL. — Et, maintenant, quand reviens-tu?

LAFORÊT. — Je n'en sais rien du tout. Un jour...

MARSEVAL. — ... ou l'autre!

LAFORÊT. — Voilà! (Il appelle.) Câline!

UNE VOIX DE FEMME, dans l'auberge. — Voilà.

LAFORÊT, même jeu. — Mon petit, voulez-vous descendre?

LA VOIX. — Oui!... Dans cinq minutes, je descends.

MARSEVAL. — Ça, par exemple!... Mon vieux, je te demande pardon! Je te dérange, je vais filer...

LAFORÊT. — Tu ne vas pas filer du tout; tu ne me déranges pas et je suis très content...

MARSEVAL. — Alors?

LAFORÊT. — Alors, tu vas tout savoir. Elle est adorable, elle a dix-neuf ans, elle s'appelle Blanche Câline et je passe mes heures à la regarder vivre. Je la connais depuis quatre semaines, je l'aime, elle est heureuse auprès de moi et je ne suis pas son amant.

MARSEVAL. — C'est une jeune fille?

LAFORÊT. — Non. C'est une femme... mais c'est une enfant tout de même. Pourquoi me regardes-tu comme ça?

MARSEVAL. — Mon vieux, je suis affolé! Comment, voilà un homme...

LAFORÊT. — Moi!

MARSEVAL. — Oui, toi! Voilà un homme: il a parcouru à cheval deux parties du monde, il a fait des voyages fantastiques, il est riche, tout Paris fête son retour, il a une maîtresse épatante, une grande artiste, il peut tout, il est tout: qu'il écrive un livre, c'est du cent mille; qu'il veuille être député, il sera ministre, et il plaque tout, sans crier gare, pour une petite inconnue mystérieuse qui est à la fois « une femme et une enfant »! Eh bien, mon vieux, ce n'est pas pour dire...

LAFORÊT. — Ne t'exalte pas... et regarde de tous tes yeux...

Il désigne Blanche Câline qui descend les marches: elle est enfantine et mystérieuse. Il y a sur elle comme un rayonnement de plaisir et d'ingénuité.

Scène VII

LES MÊMES, plus BLANCHE CALINE, puis LE FACTEUR un instant.

LAFORÊT, allant vers elle. — Ma petite Câline, je vous présente mon ami Marseval... Vous savez bien, ce presque frère dont je vous ai parlé...

CALINE, charmante. — Oui, oui, je sais. Je suis très contente. Bonjour, monsieur... (Elle tend la main à Marseval. A Laforêt.) Je vous demande pardon... de ma fenêtre, je guettais le facteur... Le voilà sur la route... Vous voulez bien? (Preste, elle court vers la porte extérieure... Juste, le facteur arrive. Câline, au facteur.) Bonjour, facteur. Vous avez une lettre pour moi?...

LE FACTEUR. — Quel nom?

CALINE. — Blanche Câline.

LE FACTEUR, cherchant dans sa boite. — Voyons... non... (Désappointement marqué.) Ah! si... tenez, dans le coin... c'est la seule pour l'établissement.

Le facteur donne la lettre et continue sa route.

CALINE, très heureuse. — Merci... Je me disais aussi, ce n'est pas possible... ce serait la première fois.

Elle ne pense qu'à décacheter l'enveloppe, s'assoit vite à l'écart et lit.

MARSEVAL, à Laforêt. — A la bonne heure... Elle n'est pas comme toi. Elle fait suivre son courrier. (Petit silence.) Fichtre, ça l'intéresse.

LAFORÊT. — Oui! c'est un petit être délicieux de franchise et de nouveauté. Elle ne sait pas feindre. A chaque courrier du soir, c'est la même chose... Et tu m'entends, je sais ce qu'elle va me dire...

MARSEVAL. — Quoi donc?...

LAFORÊT, souriant. — Une seconde. (A Blanche Câline.) Eh bien, petite Câline, contente?

CALINE, spontanément. — Pour sûr, contente!... C'est une lettre de mon amant.

LAFORÊT, très simple. — Voilà.

MARSEVAL, ahuri. — Ça!

CALINE, du fond du cœur. — C'est une lettre de mon amant.

LAFORÊT, *à Caline.* — Comme tous les jours !... comme hier, comme demain...

CALINE, *soudain, sérieuse.* — Non, pas demain !... Vous ne savez pas ce qu'il m'écrit !... Il m'écrit qu'il revient tout de suite, aujourd'hui même. Il va falloir que je m'en aille.

LAFORÊT. — Qu'est-ce que vous dites ?

Et cela est anxieux malgré la maîtrise.

CALINE. — Il va falloir que je m'en aille tout de suite... à l'instant même... Il m'écrit qu'il sera à six heures cinquante à la gare de Fontainebleau !... J'étais bien loin de m'attendre !... Tenez, vous pouvez voir.

LAFORÊT, *avec douceur repousse la lettre.* — Mais, voyons... en principe... il ne devait rentrer que la semaine prochaine ?

CALINE. — Oui, la semaine prochaine.

LAFORÊT. — Alors ?... Qu'est-ce qui lui prend ?

CALINE, *sincère.* — Moi non plus... Il revient de Lyon...

LAFORÊT. — Je sais, je sais... Eh bien ?

CALINE. — Eh bien, voilà ce qu'il m'écrit, tenez : *Ma chérie... j'ai reçu de tes nouvelles...* (Elle passe plusieurs phrases.) *Puisque tu es sur la ligne, je prendrai à Laroche le train omnibus. Il arrive à six heures cinquante à Fontainebleau. Trouve-toi à la gare...*

LAFORÊT. — Et alors ?... Vous monterez dans le train et vous rentrerez avec lui à Paris ?

CALINE, *sincère en tout.* — Oui. Sa lettre arrive bien tard... J'ai juste le temps. Une demi-heure à peine... Ça m'ennuie de vous quitter comme ça... vous avez été si gentil pour moi, si bon... Mais comment faire ? Oh ! venez donc aussi, voulez-vous ? Venez !

LAFORÊT. — ...Vous lui avez écrit que vous m'avez rencontré, que je suis votre grand ami... que vous êtes ici avec moi ?

CALINE. — Naturellement. Je lui ai tout dit.

LAFORÊT. — Oui... Eh bien, alors, rien de plus simple : il ne faut pas vous en aller.

CALINE. — Mais...

LAFORÊT. — Il ne faut pas vous en aller. Voyons, les fêtes à Paris, c'est idiot. Les bals à tous les coins de rue ! La campagne vous fait du bien. Je vous garde !... Vous n'allez pas monter dans le train : c'est votre amant qui va en descendre... Je l'invite ici, avec vous !... J'aurai enfin l'occasion de le connaître, autrement que par vous et par ses lettres.

CALINE, *interdite.* — Vous vous moquez de moi ! Ce n'est pas possible...

LAFORÊT. — ...Vous ne voulez pas rester ?

CALINE. — Je ne demanderais pas mieux. Je suis très heureuse d'être ici... Mais ce n'est pas possible...

LAFORÊT. — Pourquoi ?

CALINE. — Je ne sais pas.

LAFORÊT. — Donnez-moi une raison ? une seule ?... Puisque je suis votre ami, je peux bien inviter votre amant.

CALINE. — Oui... certainement... Mais, comme ça, à l'improviste, sans le connaître... ça me paraît extraordinaire...

LAFORÊT. — Ce n'est pas extraordinaire, c'est tout simple, vous allez voir... (A Marseval.) Marseval, mon vieux, veux-tu mettre le moteur en marche ?

MARSEVAL, *sortant pour obéir.* — Et un moteur en marche, un !

CALINE, *à Laforêt.* — Je vous regarde faire ! Je ne sais plus, moi ! Vous m'impressionnez.

LAFORÊT. — Mon petit, voyez-vous, dans la vie, il faut deux choses, d'abord ne pas toujours suivre les sentiers battus, et puis prendre ses décisions à temps... à l'improviste, comme vous dites. Ça a toujours été ma méthode à travers le monde... J'ai envie de vous garder près de moi ? Ça vous fait plaisir de rester ? Vous avez envie de revoir votre amant ? Envoyons chercher votre amant.

CALINE. — Vous croyez ?

LAFORÊT. — J'en suis sûr.

Sur la route, le moteur ronfle.

CALINE. — Vous en avez, de la décision !

LAFORÊT, *peut-être mélancolique.* — N'est-ce pas !

MARSEVAL, *rentrant.* — Ça y est. Le moteur de monsieur est avancé...

CALINE. — Alors ?

LAFORÊT. — Eh bien, c'est entendu, nous restons ici, c'est entendu. (A Marseval.) Toi, mon vieux, tu vas bondir à la gare...

MARSEVAL. — Et ramener l'amant de mademoiselle ! Ça va.

CALINE. — C'est tout de même un peu raide, ce que nous faisons là... (A Marseval.) Je vais avec vous.

LAFORÊT. — Non... restez avec moi. (Elle le regarde.) Vous allez avoir votre amant toute la journée... Vous pouvez bien me donner encore un quart d'heure à moi tout seul... Je ne vous ai jamais rien demandé !... Ça me fera plaisir.

CALINE. — Si vous voulez. Mais qu'est-ce qu'il va dire !

LAFORÊT. — Il ne dira rien. Il n'aura pas le temps.

MARSEVAL. — A propos, comment est-il ? Voyez-vous que je me trompe...

CALINE, *riant.* — Ah ! ah ! Il n'y a pas de danger. Vous le reconnaîtrez bien. Il est trop chic et trop joli garçon. Il est tout jeune. Vingt-deux ans. Il a de grands yeux, fendus en amande ; on ne peut pas avoir des yeux plus beaux...

LAFORÊT. — C'est défendu !

MARSEVAL. — Sous peine d'amende !... Et puis ?

CALINE. — Et puis il a toujours des cravates admirables, et des gants retournés aux poignets...

MARSEVAL. — Je vois ça d'ici ! Brummel à Cambridge ! Je vous l'apporte immédiatly... à cent à l'heure !

LAFORÊT. — File, mon vieux, file.

CALINE, *à Marseval.* — Quel homme, votre ami ! Quand il parle, je ne sais plus ce que je dois faire. Je lui obéis tout le temps... Pas vous ?

MARSEVAL. — Moi aussi, vous voyez !... Et encore, aujourd'hui, ce n'est rien !... Ah ! il en a maté, celui-là, des hommes et des femmes... (Laforêt lui jette un regard mécontent ; il s'arrête. A part.) Oh ! oh ! pas de plaisanteries ! Mais, alors, c'est grave ?...

Il sort ; on entend le départ de l'auto.

Scène VIII

CALINE, LAFORET

CALINE. — Je suis très émue, vous savez.

LAFORÊT. — Pourquoi ?

CALINE. — Ce que nous faisons là... ça ne se voit pas tous les jours.

LAFORÊT. — Croyez-vous ?... Tout se voit tous les jours, mon petit... il suffit d'ouvrir les yeux !... Et puis, d'abord, c'est très normal. Il fallait bien, qu'une heure ou l'autre... moi et votre amant... Je suis tout prêt à devenir son ami, s'il le mérite autant que vous.

CALINE. — Oh! il est très gentil, vous verrez, très doux, très agréable. Par exemple, il ne vous ressemble pas, oh! pas du tout. On n'imagine pas deux hommes plus différents.

LAFORÊT, *souriant.* — Vous aimez mieux son genre.

CALINE. — Non... oh! non! Je l'aime... mais je voudrais bien qu'il soit comme vous.

LAFORÊT. — C'est flatteur.

CALINE. — Je dis ce que je pense.

LAFORÊT. — Je sais... Je suis sûr que vous n'avez jamais menti.

CALINE. — Jamais.

LAFORÊT. — C'est pour ça que je suis votre ami de tout mon cœur. Je connais pas mal de gens, vous ne ressemblez à personne. En vous, la spontanéité m'enchante. Comment se peut-il qu'on soit encore si neuf dans une époque où tout est vieux? Ma petite Câline! J'aime dire votre nom...

CALINE. — Ce n'est pas mon vrai nom...

LAFORÊT. — Mais comme il est bien choisi! Qui donc vous a appelé comme ça, d'abord?

CALINE. — Tout le monde, toujours, quand j'étais petite, à Roanne.

LAFORÊT. — C'est là que vous êtes née?

CALINE. — Oui, j'ai été élevée par ma grand'-mère. Elle travaillait dans le faubourg! Ah! nous étions bien connues! Tout le monde m'aimait; il paraît que j'étais très gentille...

LAFORÊT. — Très câline!

CALINE. — Très! Alors, ce nom-là m'est venu, tout seul! Souvent je me sauvais, je descendais vagabonder jusqu'à la Loire. Toute petite, j'étais attirée par ce fleuve si grand, sa puissance m'impressionnait. Ma vieille maman, tout d'un coup, ne me voyant plus, me cherchait inquiète... « Câline?... Où est Câline?... » Des voisins m'avaient vu passer... « Elle est dans les roseaux, madame!... » Tous alors m'appelaient de proche en proche... « Câline!... Câline!... Câline!... » Et le nom qu'on m'avait donné, ce nom que vous aimez aujourd'hui, mon surnom, de bouche en bouche, venait me chercher au bord du fleuve!

LAFORÊT. — Vous ne répondiez pas?

CALINE. — Non, j'ai toujours été très sauvage... Oh! oui, très sauvage! Vous ne le savez pas, vous, parce qu'une étrange confiance m'a de suite attirée vers vous! Je suis cependant la même, toujours. A part mon amant et vous, je ne connais personne au monde.

LAFORÊT. — Et le monde ne vous connaît pas! Ah! L'explorateur que je suis! C'est à Paris même, à deux pas, que j'ai fait ma plus belle découverte... Dites-moi encore des choses sur votre vie?

CALINE. — Quoi donc?

LAFORÊT. — Tout... Oui, oui, je sais, depuis huit jours, vous m'avez beaucoup parlé déjà. Pas encore assez, ma petite Câline. Même ce que je connais, j'aime vous l'entendre dire. Dans quelques minutes, votre amant sera là; ce sera fini, notre intimité...

CALINE. — Mais non, pourquoi?

LAFORÊT. — Ce ne sera plus la même chose. Mon lot à moi, c'est votre confiance, ce sont toutes vos confidences... Comprenez que j'en sois jaloux. Quand je pense qu'il y a trois semaines, je ne vous connaissais pas.

CALINE. — Oh! ce que j'ai bien fait d'aller chez votre peintre.

LAFORÊT. — Et moi de lui commander mon portrait! Brave Robelle, va! Ma petite Câline, c'était écrit. Quand Robelle a intrigué pour faire ma tête, je ne voulais rien savoir. Il m'ennuyait avec sa peinture officielle! C'est un bonhomme qui vous rate les yeux, mais vous réussit la brochette. Eh bien, à la fin, sans savoir pourquoi, j'ai dit oui. Je suis venu poser, comme un ministre. C'était à cause de vous! Je ne sais trop quoi me disait : « Vas-y, ton portrait sera loupé, mais tu rencontreras un primitif! » Car vous êtes un primitif, ma petite Câline. Je n'oublierai jamais votre apparition dans l'atelier de Robelle. C'était de la joie pour les yeux, de la brume qui foutait le camp, un vrai petit morceau de soleil qui passait par là. Quand vous êtes partie, Robelle m'a dit qui vous étiez, qu'il vous connaissait très bien, vous et votre amant... je ne savais pas si je vous reverrais jamais, mais ça y était... vous étiez là... j'avais mon coup de soleil!

Il se touche le front.

CALINE. — Il vous a beaucoup parlé de mon amant, Robelle? Qu'est-ce qu'il en a dit, du bien?

LAFORÊT, *dubitatif.* — L'opinion de Robelle n'a pas une grande importance.

CALINE. — Pourquoi? Il ne vous a pas dit du bien?

LAFORÊT. — Je ne sais plus au juste. C'était vous surtout qui m'intéressiez...

CALINE. — Il n'aime peut-être pas beaucoup Adrien, parce qu'Adrien est peintre.

LAFORÊT. — Peut-être... d'ailleurs ça n'aurait aucune importance, je n'apprécie les gens que par moi-même, quand je les connais bien.

CALINE, *sincère.* — Alors, vous aimerez beaucoup mon amant?

LAFORÊT, *sincère.* — Je ne demande pas mieux.

CALINE, *riant.* — Vous vous rappelez où vous m'avez rencontrée, la seconde fois?

LAFORÊT, *souriant.* — Oui... Ce n'est pas par hasard, vous savez.

CALINE. — Comment! vous ne m'aviez pas dit!...

LAFORÊT. — Pas par hasard du tout. J'avais su par Robelle que votre amant avait fait un tableau...

CALINE. — Son tableau! Il n'a fait que celui-là! C'est un coucher de soleil que nous avons vu, l'année dernière, dans le Jura. Il faisait beau. Je m'étais baignée dans un petit lac; l'eau était toute dorée, et en même temps claire, claire comme des yeux... les arbres s'y renversaient tout entiers. Il y avait une barque qui dormait. L'heure était si calme, si douce, qu'on avait envie de pleurer... Alors, ça nous a donné l'idée... Adrien a peint ce tableau-là.

LAFORÊT, *presque malgré lui.* — Pas si bien que vous.

CALINE. — Qu'est-ce que vous dites...

LAFORÊT. — Rien.

CALINE. — A Paris, quand nous sommes revenus, nous avions besoin d'argent, nous l'avons vendu...

LAFORÊT. — Combien?

CALINE. — Pas cher...

LAFORÊT. — Au marchand chez lequel je l'ai vu, rue Victor-Massé. Robelle m'avait raconté l'histoire, après que vous étiez partie. Une curiosité m'a pris d'aller voir ce tableau-là...

CALINE. — Il est toujours à la devanture.

LAFORÊT. — J'arrive tranquillement, en fumant un cigare...

CALINE, *sautant presque de joie.* — Et vous me trouvez là, le front collé contre la vitre! Ah! ah! ah! ce que vous aviez l'air étonné!

LAFORÊT, avec plus d'émotion qu'il en témoigne. — Pas étonné! Content, ravi, charmé...

CALINE. — Si, si, étonné. Vous ne saviez pas que faire. Ah! je me rappelle bien! Tout de même, il n'y avait rien d'étonnant à cela! Depuis une semaine qu'Adrien était parti, je venais voir son tableau, le matin et le soir, deux fois... Tiens donc, je me sentais moins seule en le regardant!

LAFORÊT. — Vous lui faisiez visite.

CALINE, triomphante. — Parfaitement. C'était tous les jours, son jour.

LAFORÊT, il la regarde avec une expression ravie. — Vous êtes gentille! Quel petit être extraordinaire vous faites! (Il l'imite.) « C'était tous les jours, son jour!... » Comme elle a bien dit ça!...

CALINE. — Vous l'aimez, son tableau?

LAFORÊT. — Je vous l'ai déjà dit.

CALINE. — Oui, mais, la première fois, à la devanture, c'était peut-être de la politesse!... Maintenant que vous m'aimez bien, que j'ai tout à fait confiance en vous?

LAFORÊT. — Il est très bien.

CALINE, heureuse. — N'est-ce pas! Oh! Je l'aime! je l'aime! je le trouve joli!

LAFORÊT. — Il vous a menée au Louvre, votre amant?

CALINE. — Jamais. Pourquoi?

LAFORÊT. — Pour rien, mon petit. (Elle le regarde, vaguement inquiète. Il continue, très bon, pour qu'elle soit contente.) Il est très joli, son tableau! Votre peintre a beaucoup de qualités... c'est... (Il cherche le mot.) c'est très bien!... Seulement, il faut qu'il travaille encore beaucoup, qu'il soit difficile avec lui-même...

CALINE. — Ah! Il faudra le lui dire... Je voudrais tant votre influence sur Adrien... Je sens bien que ce serait utile... Ce n'est pas un homme comme vous, lui... D'abord il se décourage très facilement... Et puis, il n'a pas d'audace... Je lui dirai de vous imiter, d'être comme vous... Si, si, je lui dirai. Vous ne savez pas le bien que vous m'avez fait, à moi. Quand je vous ai rencontré, j'étais toute triste, toute inquiète... Ça n'allait plus.

LAFORÊT. — Pauvre petite...

CALINE. — C'est pourtant vrai. Adrien était sans commandes... (il ne sait pas trouver les affaires, n'est-ce pas !...) Heureusement qu'on s'aimait bien. Enfin, on lui propose d'aller à Lyon pour décorer toute une villa. Il part, obligé de me laisser seule à Paris. Depuis deux ans qu'on est ensemble, on ne s'était pas quittés! Toute seule, les idées sont bientôt noires. Je me croyais perdue. Ah! ce que j'ai été contente de vous connaître, de vous avoir pour ami, comme ça, tout d'un coup! Ça m'a fait tant plaisir, une si grosse joie!... Je lui ai bien vite écrit. Je lui ai parlé de vous dans toutes mes lettres! Vous allez voir, quand il va venir: il sait déjà l'homme que vous êtes, allez! Oh! je vous remercie d'être mon ami, je vous remercie!

> Elle est très émue par ce qu'elle dit ; on sent que son petit cœur s'ouvre tout entier. Elle saisit la main de Laforêt et, brusquement, sans réfléchir, la porte à ses lèvres.

LAFORÊT, de toute sa conscience, de toute son âme. — Ma petite Câline, que faites-vous là! Mais c'est moi qui vous remercie, c'est moi! Oui, je suis votre ami, et je vous promets de faire l'impossible pour que vous soyez heureuse dans la vie.

CALINE. — Je ne peux pas l'être plus que maintenant... avec vous deux.

Scène IX

LES MÊMES, UNE MARCHANDE DE FLEURS, puis L'AUBERGISTE, LE CHEF, BRIMBESEC.

LA MARCHANDE, elle passe sur la route et s'arrête. — Des fleurs du pays, toutes fraiches... Il n'en faut pas, aujourd'hui?

LAFORÊT, vivement. — Si si, il en faut, comme tous les jours... Tenez, Câline, celles-ci, et puis ces roses...

> Il met dans les bras de Blanche Câline les plus belles fleurs du panier.

CALINE. — Celles d'hier ne sont pas fanées!

LAFORÊT. — Ça ne fait rien... Tenez, mon petit, tenez!

LA MARCHANDE. — Hein, ma petite dame, ce que c'est qu'un amoureux!

LAFORÊT, presque brutal. — Ne dites donc pas de bêtises, madame... (Il lui donne une pièce d'argent.) Allez, allez...

LA MARCHANDE. — Vous ne voulez pas des bouquets tricolores, préparés d'avance, pour le 14 juillet?

LAFORÊT, même jeu. — Non, pas de tricolores, madame! Pas de tricolores! Merci. (Départ de la marchande.) Cette femme est bête!

CALINE, avec une espèce de volupté. — J'aime les fleurs! (Elle les respire lentement. Tout à coup son attitude change, elle rit à nouveau, spontanée, gamine.) Ah! ah! ce que je suis contente tout de même, aujourd'hui! Vous! Des fleurs! Mon amant qui revient! Ah! c'est trop! (Elle court jusqu'aux marches de l'auberge.) Je vais les mettre dans l'eau, avec les autres... Je redescends, tout de suite, tout de suite.

> Elle entre dans l'auberge. Laforêt la suit des yeux. Pendant tout ce coin de scène, l'aubergiste et son chef ont pris la caisse aux lampions ; ils commencent à les accrocher à des fils tendus dans les arbres. Brimbesec, revenu, les regarde faire.

Scène X

LAFORET, BRIMBESEC, L'AUBERGISTE, LE CHEF

BRIMBESEC. — Si ce n'est pas malheureux! Ce ne sera plus une auberge! Voyez guinguette! Vous me servirez dans ma chambre.

L'AUBERGISTE. — Plus souvent! C'est épatant, vous grognez toujours! Pourquoi venez-vous?

BRIMBESEC. — Je me le demande!... Regardez-moi ça: vos arbres, avec vos lampions... on dirait une partition avec des notes. Je n'attends plus que la *Marseillaise*.

LE CHEF. — Ne vous plaignez pas trop... on pourrait vous servir l'*Internationale*!

BRIMBESEC. — Comme plat de résistance!

LE CHEF. — Parfaitement! Et avec une bombe au dessert.

BRIMBESEC, amer. — Ça va! ça va!

LE CHEF. — Vous voulez dire: ça ira...

> Il rentre vers sa cuisine.

BRIMBESEC, à l'aubergiste. — Vous supportez ça d'un domestique?

L'AUBERGISTE. — Plutôt, que je le supporte. Un extra! Je suis encore bien content de l'avoir!

BRIMBESEC, méprisant. — Marchand de soupe!

L'AUBERGISTE, sans aucun respect. — Ah! ah!... Et vous... marchand de croûtes! (Il sort.)

BRIMBESEC, [illegible] — Marchand de croûtes! Marchand de croût[illegible].

LAFORÊT, s'a[illegible]ochant et avec une politesse exquise. — Vous faites le [illegible]ommerce des tableaux, monsieur?

BRIMBESEC. — Oui, monsieur... (Il se présente.) Brimbesec, ex[illegible]rt en peinture, rue Bonaparte...

LAFORÊT, s[illegible]iant. — Rue Bonaparte! Spécialité de restauratio[illegible]!... Monsieur, je suis heureux de vous connaître... J'aurai peut-être affaire à vous... comme client. Vous vous occupez aussi des talents nouveaux?

BRIMBESEC. — Mon Dieu, quand j'en trouve un...

LAFORÊT. — Eh bien, nous en reparlerons... Monsieur... (Il salue et s'éloigne un peu.)

BRIMBESEC, charmé. — Il est très bien, cet homme-là... (Et il salue Blanche Câline qui redescend.)

Scène XI

LAFORET, BLANCHE C[illegible]LINE

CALINE. — J'en [illegible]i mis partout, [illegible]s fleurs. La chambre est bien plus jolie comme ça. [illegible]ais la vôtre?

LAFORÊT, souriant. — La mienne?... [illegible] ai de la monnaie du pape.

CALINE, rassurée. — Oh! alors! (Elle change d'idée.) Je crois que l'auto sera bientôt là.

LAFORÊT. — Regardez sur la route.

On entend le bruit d'un train.

CALINE. — Voilà le train! Il passe là, dix minutes après avoir quitté la gare.

LAFORÊT. — La voiture de Marseval va presque aussi vite.

CALINE, qui regarde sur la route. — C'est elle qui vient au tournant... je la vois...

Elle ne tient pas en place.

LAFORÊT. — Courez vite.

CALINE, sautant de joie. — Il est là, près de votre ami! Il est là.

Elle sort en courant.

LAFORÊT. — Fichtre, voilà une entrée attendue...

Sur des tables, on place les couverts; dans les arbres, les lampions s'allument. Bruit d'une voiture qui s'arrête. Entre Marseval.

Scène XII

LAFORET, MARSEVAL

MARSEVAL, à Laforêt. — Eh bien, qu'est-ce que tu en penses? Ça n'a pas été long!

LAFORÊT. — Qu'est-ce qu'il a dit?

MARSEVAL. — Rien... Oh! presque rien. Il était à la portière. Je l'ai reconnu tout de suite. Tu vas voir... c'est absolument le portrait qu'elle nous a fait... Je me suis approché: « Monsieur... je viens de la part de votre maîtresse; vous n'allez plus à Paris; tout est changé. Dépêchez-vous, le train repart. » Il m'a regardé, il est descendu, il m'a salué correctement : « — Vous êtes monsieur Laforêt, sans doute?... » « — Non, monsieur Laforêt vous attend à l'auberge. » « — Ah! bien. » Il est monté dans la voiture : il a relevé son col pour ne pas absorber trop de poussière avec sa cravate et nous voilà. Je te le ramène, frais comme l'œil, et d'une élégance sans bornes.

LAFORÊT, riant. — Bravo, facteur. Voilà pour vous.

Et il lui serre la main.

MARSEVAL, riant. — Merci, patron. Ce n'est pas de refus.

Entrent Blanche Câline et Adrien Meunier. Il est [illegible] garçon, l'air calme ; ses vêtements sont parfaits ; ses gants retournés au poignet. Il porte une élégante petite valise.

Scène XIII

LES MÊMES, BLANCHE CALINE, ADRIEN

LAFORÊT, va vers Adrien la main tendue. — La vie est faite d'imprévu. Je suis heureux, monsieur, de vous connaître.

ADRIEN, très poliment. — Moi aussi, monsieur. J'arrive un peu couvert de poussière, je vous demande pardon.

LAFORÊT. — Mon Dieu, monsieur, excusez-moi d'une invitation aussi impromptue. Il ne faut accuser que la Providence des rencontres. Votre amie et moi sommes maintenant de grands amis. A nous désormais de nous connaître.

ADRIEN. — Vous me voyez un peu ennuyé. Je ne pensais pas descendre à Fontainebleau. Dans ma hâte à quitter le wagon, j'ai stupidement oublié un paquet... des gants, des cravates... Cela me contrarie beaucoup.

CALINE. — Tu n'en fais jamais d'autre.

ADRIEN. — J'étais pressé.

LAFORÊT, très sérieux. — Je suis désolé, vraiment. Ces cravates ont eu le plus grand tort de vous quitter.

ADRIEN, souriant. — N'est-ce pas?... C'est de l'ingratitude de leur part!... Enfin!... (Il change d'idée.) Câline m'a écrit combien vous étiez gentil pour elle. Cela m'a un peu surpris d'abord... mais quand j'ai su qui vous étiez...

LAFORÊT. — Je vous assure que c'est une chose toute naturelle... Votre camarade Robelle faisait mon portrait... je me suis intéressé à cette petite que vous aviez laissée seule. C'est deux brins de vacances que j'ai pu lui offrir, voilà tout.

ADRIEN, même jeu. — Elle ne vous a pas trop taquiné...

LAFORÊT, souriant. — Elle n'a cessé de me parler de vous, sinon pour aller vous écrire...

ADRIEN, même jeu. — Et, en revanche, alors, dans ses lettres, il ne s'agissait que de vous; je crois, monsieur, que nous sommes quittes.

LAFORÊT. — Vous n'aviez pas l'intention d'abord de revenir si tôt?

CALINE, avec une gronderie affectée. — Non. Il vient de me dire ça à l'instant. Il a lâché au milieu le travail qu'il était en train de faire à Lyon. Il n'est jamais raisonnable.

ADRIEN. — Je ne pouvais pas le continuer. Peindre des plafonds, je n'avais pas l'habitude! Cela me fatiguait d'avoir les bras levés. On est perché sur une échelle...

CALINE. — Si, si, tu aurais dû. (A Laforêt.) Vous allez donner votre avis...

L'illumination à la porte de l'auberge (scène XV).

Laforêt, à Câline. — Plus tard, mon petit. Quand nous serons des camarades. (A Adrien.) Vous désirez peut-être, avant le dîner...

Adrien. — S'il vous plaît, oui, me laver les mains... un coup de peigne... c'est tout à fait indispensable.

Câline, à Adrien. — Viens vite.

Adrien, à Laforêt. — Je vous demande pardon: cinq minutes. Mais je suis vraiment par trop sale.

Il se dirige vers l'auberge.

Câline, à Laforêt. — Il est timide. Quand vous le connaîtrez mieux, vous verrez comme il est gentil!... Oh! vous avez bien fait de ne pas me laisser partir...

Adrien, sur les marches. — Câline, viens-tu?

Câline, courant vers lui. — Voilà, voilà... C'est au premier. La chambre numéro vingt.

Ils entrent dans l'auberge.

Scène XIV

PIERRE LAFORET, MARSEVAL

Laforêt reste immobile, un peu renfrogné.

Marseval. — La chambre numéro vingt! Eh bien, mon vieux, tu as le vingt triste!

Laforêt, tressaillant. — Pourquoi dis-tu ça? Es-tu bête!

Marseval. — Dame, je ne sais pas, moi. Tout cela est si imprévu. Quand je pense qu'il n'y a pas quinze jours nous étions tous les trois dans la loge d'Antonine Bargès, que Tout-Paris venait chez toi...

Laforêt. — Mon vieux, comprends-moi bien: Paris, le succès, Antonine, la grande ville et la grande comédienne, tout cela m'est égal, à l'heure actuelle. Je reviens de loin, j'ai vu beaucoup de choses...

Marseval. — Tu as eu beaucoup de femmes...

Laforêt. — J'ai peut-être eu, comme tu dis, beaucoup de femmes... Je n'ai plus, comme toi, l'âme d'un vieux collégien snob... Ce qui m'intéresse...

Marseval. — C'est Blanche Câline!

Laforêt. — Ne m'interromps pas, je t'en prie. Ce qui m'intéresse, c'est un petit être auquel je me sens utile, totalement utile. Mon cœur a un besoin nouveau de protéger, d'instruire, de... surcréer! Comprends-tu?

Marseval. — Parfaitement. Tu es amoureux fou de la petite gosse qui est là. Tu es shakespearien, mon vieux Laforêt.

Laforêt. — Ce qui veut dire?

Marseval. — Eh bien, oui, quoi... Laforêt qui marche!

Laforêt. — Imbécile! Triple buse! Je ne suis pas amoureux fou; je ne marche pas, comme tu dis dans ton sublime langage...

Marseval. — Ne te fâche pas.

Laforêt. — Je ne me fâche pas. Seulement, je suis à une minute passionnante. Depuis quinze jours, j'étudie cette petite de toute ma tête... je l'aime...

Marseval. — Je viens de te l dire.

Laforêt. — Non. Tu m'as dit que j'en suis amoureux fou. Je te réponds: je l'aime. Ce n'est pas la même chose... Je me suis juré qu'elle serait heureuse. Etre heureuse, pour une femme, ça dépend de l'amant qu'on a. Tu me connais... je n'aime pas démolir le bonheur des autres... S'ils doivent être heureux ensemble... qu'ils le soient...

Marseval, ironique. — Oui, mais, voilà, le seront-ils?

Laforêt. — Voilà!

Marseval. — Tu m'amuses!

Laforêt. — Pourquoi?

Marseval. — Parce que, mon vieux, je sais très bien ce que tu vas faire!

Laforêt. — Tu as de la chance, moi, je ne le sais pas!...

Scène XV

LES MÊMES, L'AUBERGISTE, LE CHEF, LUCIE, MARGUERITE, ALICE, GASTON, LUCIEN

L'Aubergiste, au chef. — Allume les lampions. (En effet, la nuit descend; maintenant, tous les arbres vont s'éclairer; de grosses lanternes, pareilles à celles du Japon, forment des ceintures lumineuses. L'aubergiste à Laforêt.) Monsieur dîne?

Il montre Marseval.

Laforêt. — Oui, quatre couverts... tenez, cette table-là.

Par la porte de la route entrent Lucie, Marguerite, Alice, Gaston, Lucien.

Lucie, la grosse blonde. — Ah! non! Cette promenade. Ce que j'ai la dent!

Gaston. — Oh! toi, pourvu que tu manges!

Marguerite, méprisante. — Cette miniature-là, son paradis, c'est une ville en pains!... Moi, la campagne, ça me mélancolise!

ALICE. — Eh bien, quoi, tu ne vas pas pleurer! C'est des arbres, ma vieille, c'est pas des oignons.

LUCIEN, à Marguerite. — C'est vrai, ça, ce que tu es romance!

MARGUERITE, alanguie. — Ah! taisez-vous! Vous n'avez pas de sens!

Les autres s'esclaffent.

LUCIE. — Ah! ah! tu l'entends!

ALICE. — Non, mais, chez qui?

GASTON. — Ce que la campagne la travaille...

MARGUERITE. — Tiens, cette idée! Je n'y vais que deux fois par an, au 14 juillet et à la Toussaint. C'est une tradition de famille.

LUCIEN. — Tu as donc une famille?

Les autres commencent à s'en aller vers une table dans le fond.

MARGUERITE. — Cet imbécile qui me demande si j'ai une famille... (*Elle aperçoit Laforêt.*) Ah! le bel homme!... Vous ne cherchez pas une femme, monsieur?

LAFORÊT, riant. — Non, mademoiselle, non. C'est bien regrettable, d'ailleurs...

MARGUERITE. — Ah! pour sûr... Vous êtes rudement bien!

ALICE, de la table où ils se sont installés, dans un bosquet. — Eh bien, quoi, la Môme Poésie!

MARGUERITE. — Je viens... je viens... (*A Laforêt.*) Excusez-les, monsieur, ce n'est rien que des brutes!

Elle va rejoindre les calicots. Rires.

MARSEVAL, riant. — Encore un succès, mon vieux!

LAFORÊT. — Tu m'embêtes. Viens plutôt éclairer ton auto. La nuit descend...

Ils sortent sur la route. Blanche Câline et Adrien descendent le perron.

Scène XVI

CALINE, ADRIEN

CALINE, désignant la table préparée. — Notre table de tous les jours.

ADRIEN. — Je reconnais très bien. C'est tout à fait comme sur les cartes que tu m'envoyais.

CALINE. — Hein, mon chéri, tu ne t'attendais pas... Je me porte mieux depuis que je suis ici... J'ai bonne mine?

ADRIEN. — Oui. Dis donc, Câline, tu ne m'as pas menti? Tu ne te moques pas de moi? Tu n'as rien fait de mal, rien que tu ne pourrais pas me dire?

CALINE, riant. — Oh! mon chéri! Moi! Oh! là! là! Et puis, tu sais, c'est un homme honnête, un homme gentil qui m'aime!

ADRIEN. — Comment, qui t'aime?

CALINE. — Pour sûr.

ADRIEN. — En ami?

CALINE. — Naturellement. Tu ne vas pas être jaloux, j'espère?

ADRIEN. — Tu me fais de la peine!

CALINE. — Ah! mon chéri!

Elle se jette à son cou, l'embrasse.

ADRIEN. — J'avais écrit rue Fontaine pour qu'on nous prépare à dîner.

CALINE. — A propos... la propriétaire m'a réclamé de l'argent. On lui doit cinq semaines.

ADRIEN. — Je n'ai pas de quoi la payer.

CALINE, frappée. — Comment, tu n'as pas rapporté d'argent?

ADRIEN. — Je te l'ai dit tout à l'heure en arrivant. Là-bas, à Lyon, je devais faire quatre panneaux dans la salle à manger. On n'a pas été content du plafond: on m'a fait des observations... j'en avais assez...

CALINE. — Je croyais qu'on t'avait payé tout de même.

ADRIEN. — Ils ne m'ont donné que cent francs! Je n'ai pas voulu discuter.

CALINE. — Tu as cent francs.

ADRIEN. — Non, voyons. Il a fallu que j'achète du linge, et puis des cravates... celles que j'ai oubliées dans le train... et puis mon retour...

CALINE. — Tu n'es pas sérieux. Qu'est-ce que nous allons faire?

ADRIEN. — Ecoute, en arrivant à Paris, je me débrouillerai...

CALINE. — Crois-tu?

ADRIEN, charmant, léger. — Mais oui, ma gosse! Je t'aime! tu es jolie! Ah! ce que je m'ennuyais là-bas, sans toi! La nuit surtout. Je ne pouvais pas dormir. Ça me fichait des envies de pleurer... Enfin... on est ensemble, c'est le principal!

Ils se regardent, se rient, se prennent les mains comme deux enfants, et, tout à coup, dansent... Reviennent Laforêt et Marseval.

Scène XVII

LES MÊMES, LAFORET et MARSEVAL

LAFORÊT. — Eh bien, c'est comme ça que vous êtes à table? Mais vous n'êtes pas des grandes personnes... Vous avez faim?

ADRIEN, gaiement. — Toujours les Anglais...

Ils se mettent à table.

LAFORÊT, à l'aubergiste qui sert et montre le menu. — Oui, oui, c'est ça... non, pas de ragoût... un poulet froid. (*A Adrien.*) Du cidre?

ADRIEN. — Jamais les Anglais!

LAFORÊT. — Bière? Champagne?

ADRIEN. — Ce que vous voudrez.

MARSEVAL. — Alors, champagne!

L'aubergiste s'éloigne.

LAFORÊT. — D'habitude, on est à peu près seul, c'est beaucoup mieux...

Ils mangent... Petit silence...

MARSEVAL. — Ça me rajeunit, cette petite fête de famille. Dis, Laforêt, te rappelles-tu cette auberge où nous allions toujours? On était servi par le patron.

LAFORÊT. — Saint-Galmier?

MARSEVAL. — Oui, Saint-Galmier. (*A Adrien.*) On l'avait surnommé Saint-Galmier, parce qu'il avait l'accent badois.

ADRIEN. — C'était un Belge?

MARSEVAL. — Oh! un Belge! Un Allemand, voyons.

ADRIEN, riant. — Ah! moi, vous savez, je ne suis pas fort en géographie.

MARSEVAL. — En quoi êtes-vous fort?

CALINE, étourdiment. — En amour.

LAFORÊT, sourire forcé. — Et en peinture.

ADRIEN. — Oh! en peinture!

CALINE. — Si, si. Monsieur Laforêt a vu ton tableau, tu sais. N'est-ce pas que vous le trouvez bien?

LAFORÊT, poli. — C'est un beau coucher de soleil.

MARSEVAL, à Laforêt. — Tu as dû en voir d'épatants, hein, dans tes voyages?

LAFORÊT. — Tu sais, le soleil, c'est comme nous. Il se couche et il se lève chaque fois de la même manière.

CALINE. — Oui, mais ce ne sont pas toujours les mêmes nuages qui font la couverture.

LAFORÊT. — Voilà!... (A Adrien.) Un peu de poulet?

ADRIEN. — Oui.

LAFORÊT. — L'aile?

ADRIEN. — Oui.

CALINE. — Oh! je la voulais.

LAFORÊT. — Tenez, mon petit, voici l'autre.

CALINE. — Mais vous?

LAFORÊT. — Je suis l'homme de la carcasse. (Câline tousote.) Vous avez froid?

ADRIEN. — Ce n'est rien: elle fait toujours ça...

LAFORÊT. — Il ne faut pas... Je vais vous chercher quelque chose.

MARSEVAL, se levant. — Laissez donc, mon vieux... j'y vais.

LAFORÊT, lui crie. — Son écharpe est dans le vestibule.

CALINE, même jeu. — La bleue!

LAFORÊT, à Adrien. — C'est une petite écharpe de rien du tout, que je lui ai achetée l'autre jour à Fontainebleau... Les soirs sont frais.

ADRIEN, à Laforêt. — Elle en a vu bien d'autres, à la Mer de Glace...

CALINE, à Laforêt. — Oui... il y a deux ans. Nous passions en automobile à Chamonix. On a eu l'idée de faire la Mer de Glace. Seulement, je n'étais pas équipée. Et puis nous nous sommes égarés dans la nuit. J'avais de la neige presque à la moitié du corps, en robe de toile...

ADRIEN, riant. — C'est vrai ce qu'elle dit!

LAFORÊT, outré. — Oh! mais, c'était de la folie! Vous lui avez laissé faire ça! Oh! (Marseval rapporte l'écharpe. A Marseval.) Crois-tu qu'il l'a fait marcher dans la neige, vêtue seulement d'une robe de toile!... (A Câline.) Couvrez-vous bien! (Il lui met l'écharpe, très sincèrement scandalisé; elle rit, heureuse.)

MARSEVAL. — Dans la neige! Quand donc, mon Dieu?

LAFORÊT. — Il y a deux ans!

MARSEVAL. — Malheureuse! Voulez-vous du thé bouillant?

CALINE, riant. — Ah! ah! J'ai eu le temps de me réchauffer.

LAFORÊT. — A peine! (A Adrien.) Les femmes sont toutes pareilles; de petites enfants téméraires. Notre devoir s'impose: être raisonnables à leur place...

ADRIEN, se versant à boire. — J'aurais dû l'empêcher...

CALINE. — Oh! m'empêcher, ne dis pas ça! C'est toi qui m'as entraînée...

ADRIEN, se défendant. — Tu as bien voulu! Il ne faut pas tout mettre sur mon dos. C'est comme à Bellegarde, pour l'automobile.

MARSEVAL. — Vous aviez une auto?

CALINE. — Une petite douze-quatorze!... On nous l'a confisquée en revenant de Suisse, à la frontière, à cause que j'avais voulu passer des cigarettes... au moins vingt boîtes...

ADRIEN. — Je te l'avais défendu.

CALINE. — Pas tout à fait. Tu m'avais dit: « Prends garde... on va se faire pincer... »

ADRIEN. — Enfin, je t'avais prévenue...

LAFORÊT. — Ce n'est pas la même chose!

ADRIEN. — Si.

LAFORÊT. — Non. Vous n'aviez pris aucune décision ni dans un sens, ni dans l'autre, voilà tout.

MARSEVAL. — Alors, vous avez payé?

CALINE, riant. — On n'avait plus d'argent! On avait tout dépensé en route.

ADRIEN, ravi. — Vingt mille francs en quatre mois, c'est bien simple! Un petit héritage. On achète une auto, nous voilà partis...

LAFORÊT. — Bravo!

ADRIEN, enchanté. — Ce qu'on s'est amusé! On a manqué de se tuer dix fois! On ne pensait plus à rentrer. Un beau jour, j'entame le dernier billet. C'était la fin! Nous revenons. Nous achetons du tabac en masse. La douane nous pince! Cinq cents francs d'amende! Avec ça, j'avais perdu le reçu de l'argent déposé pour rentrer en Suisse avec la voiture. Je ne voulais pas payer les vingt-cinq louis. On m'a confisqué ma petite douze-quatorze.

LAFORÊT, crispé, mais souriant. — Que voulez-vous, on finit toujours par rencontrer la douane.

ADRIEN. — C'est forcé!... A Paris, j'ai été trouver un marchand, il m'a donné cinq cents francs, il a payé l'amende. Il a eu la voiture!... Et puis, nous, on s'est débrouillé!

MARSEVAL. — Si on peut appeler ça se débrouiller! Vous avez le sens des affaires.

ADRIEN. — Oh! là! là! pourvu qu'on vive aujourd'hui! Et puis, on l'a faite, la randonnée! On ne pensait à rien, qu'à s'amuser! Pas, Câline!

Ils rient tous les deux.

LAFORÊT. — Evidemment, c'est une méthode. Je ne vous dirai pas que je l'approuve tout à fait... Elle est défendable, quand on vit seul, c'est de l'insouciance... Aussitôt qu'on devient deux, et qu'il y a une femme...

Pendant qu'il parle, une entraînante musique passe sur la route, d'abord lointaine, puis se rapprochant. Bruits de pétards. C'est une retraite aux flambeaux.

ADRIEN, battant la mesure. — Ah! mais, c'est la retraite aux flambeaux... (Il se lève d'un bond et court vers la route.) Tu viens, Câline!

CALINE, riant. — Quel gosse!... Attends-moi...

Elle le suit, en courant, et sort avec lui; la musique, d'ailleurs, produit des effets semblables sur les dîneurs des bosquets.

Scène XVIII

LAFORET, MARSEVAL

MARSEVAL. — Eh bien, mon vieux... à la bonne heure! C'est la bohème!

LAFORÊT. — Oh! la bohème... si l'on veut! D'ailleurs, la bohème, dans la vie moderne...

MARSEVAL. — Ils ont l'air de bien s'aimer!

LAFORÊT. — Oui... peut-être...

MARSEVAL. — Il est très gentil... Pas très malin, pas très sérieux... hein?

LAFORÊT. — Quoi?

MARSEVAL. — Je te dis: pas très sérieux. Il a du talent?

LAFORÊT. — Aucun.

MARSEVAL. — De quoi vivent-ils?

LAFORÊT. — Je ne sais pas...

MARSEVAL. — En tous cas, il est drôle?

LAFORÊT. — Comme ça, oui...
MARSEVAL. — Je t'ennuie...
LAFORÊT. — Non...
MARSEVAL. — Qu'est-ce que tu en penses?
LAFORÊT. — Rien...
MARSEVAL. — Parfait...

Il se lève et va à la grande porte; la retraite passe sur la route, derrière le mur... lueur, musique populaire qui va s'éteindre pour la fin de l'acte. Câline revient.

Scène XIX

LAFORET, CALINE

CALINE. — Oh! vous êtes seul? Où est votre ami?

LAFORÊT. — Il prépare la voiture. Il rentre à Paris... J'ai bien envie d'en faire autant...

CALINE, alarmée. — Qu'est-ce que vous dites?

LAFORÊT. — J'ai à faire. Vous resterez ici avec votre amant... Je reviendrai dans quarante-huit heures...

CALINE, navrée, du fond du cœur. — Oh! mais je ne veux pas. Pourquoi? Vous êtes fâché? Oh! ne me faites pas de chagrin! Je suis si heureuse, ce soir.

LAFORÊT. — Et votre amant, ma petite Câline? Puisqu'il est là... vous n'avez pas besoin d'autre chose.

CALINE. — Si... Lui, c'est lui... et vous, c'est vous! Je n'ai que ces deux tendresses au monde. J'ai besoin que vous soyez là, tous les deux...

A la porte revient Adrien.

Scène XX

LES MÊMES, ADRIEN

ADRIEN, très gai. — Ah! ce que c'est drôle! Il y a tout le pays... des pompiers, des gosses, des femmes... On commence le feu d'artifice. Il y a, sur la Seine, des bateaux allumés. Venez donc voir, on va s'amuser...

LAFORÊT. — Non, non, allez-y tous les deux... A demain.

Il lui tend la main.

ADRIEN, même jeu. — Bonsoir, monsieur. Et je vous remercie de votre accueil... je suis très content de vous connaître... (A Câline.) Tu viens, Câline!.. (A Laforêt.) Bonsoir! (Elle l'embrasse tout d'un coup de toutes ses forces. Adrien, souriant.) Oh! Eh bien, Câline!... (A Laforêt.) Croyez-vous qu'elle est mal élevée! (On entend partir des fusées.) Viens vite, c'est commencé...

CALINE. — Voilà! Voilà!... Au revoir!... Ah! je suis si contente ce soir... il me semble, ce feu d'artifice, qu'on va le tirer pour moi... pour moi toute seule... Allons, viens, viens...

Ils sortent en courant.

MARSEVAL, revenant vers Laforêt. — Et alors, mon vieux... qu'est-ce que tu en dis?

LAFORÊT, pensif. — Qu'est-ce que tu veux que j'en dise, mon vieux?... Attends... attends... tout cela n'est qu'un premier acte...

Il allume un cigare et réfléchit.

RIDEAU

Laforêt. Câline. Adrien. Marseval.

SCÈNE XVII. — Marseval : « *Ça me rajeunit, cette petite fête de famille.* »

Adrien et Câline. Laforêt.

SCÈNE XIII. — Laforêt : *« Eh bien, mais, je suis là... »*

ACTE II

C'est une espèce de salon vulgaire, mais prétentieux, avec un piano. Les meubles sont confortables et recouverts de velours grenat. Sur la cheminée, une Sapho en plâtre. Une grande glace avec des éventails. Banalité. Par-ci par-là, traînant, de ces accessoires qu'on distribue dans les restaurants de nuit et que les gens ramènent chez eux, sans qu'on sache pourquoi... Il est environ neuf heures du soir.

Scène première

LE VIEUX MONSIEUR, Mme CHERY

Le rideau se lève sur la scène vide. Par une porte vers le fond — porte qui donne sur une chambre — entre un vieux monsieur correct. Il est accompagné d'une dame bizarre et mûre. Lui a son pardessus, elle sa robe d'intérieur.

LE VIEUX MONSIEUR. — Parfait... parfait... Et alors, cette pièce?

Mme CHÉRY. — Cette pièce, c'est le salon, dont on peut se servir au besoin.

LE VIEUX MONSIEUR. — La chambre me convient assez.

Mme CHÉRY. — Vous trouverez difficilement mieux. Vous avez remarqué qu'elle a deux sorties, l'une directe sur l'antichambre, et celle-ci sur le salon. De plus, la fenêtre donne sur la cour. Sauf les tapis qu'on bat le matin, aucun bruit.

LE VIEUX MONSIEUR. — Oui... oui... tout ça est fort bien. Mais vous n'êtes pas sûre que la chambre soit libre...

Mme CHÉRY. — Elle le sera demain sans faute, et même ce soir au besoin. Je me charge des locataires. Et, vous voyez, déjà, je leur ferme la porte.

Elle ferme à clef la porte par où ils sont entrés. Elle enlève la clef.

LE VIEUX MONSIEUR. — Dans le cas où je louerais, la chambre ne serait jamais occupée que deux fois par semaine, et de quatre à sept. Mais, naturellement, je garderais la clef sur moi.

Mme CHÉRY. — Oh! vous pouvez avoir confiance. Je ne reçois pas tout le monde. Et puis, d'ailleurs, grand avantage... moi, je n'ai qu'une chambre à louer. Je n'en suis pas embarrassée. Maison tranquille, bien qu'à deux pas du bal public... dont parfois on entend l'orchestre.

LE VIEUX MONSIEUR. — Oui... oui... Eh bien, madame, je vous rendrai réponse... En tout cas, ça me plaît beaucoup...

Mme CHÉRY. — Mettez un mot, chez la concierge... Madame Chéry, propriétaire... (On entend du bruit dans l'antichambre, puis entre Blanche Câline et Adrien. Mme Chéry, à mi-voix.) Ce n'est rien... Les locataires que je m'en vais mettre à la porte.

LE VIEUX MONSIEUR. — Ah!... Ah!... Au revoir, madame, bien mes respects.

Tous deux sortent

Scène II

BLANCHE CALINE, ADRIEN

CALINE. — Comment se fait-il que la porte sur l'antichambre soit fermée?

ADRIEN. — Je n'en sais rien. (Il veut ouvrir la petite porte.) Celle-là aussi est fermée.

CALINE, inquiète. — Qu'est-ce que ça veut dire?

ADRIEN. — Quel était ce vieux monsieur?

CALINE. — Je n'en sais rien.

ADRIEN, rêveur. — Il avait l'air d'un sénateur.

Deuxième entrée de Mme Chéry.

Scène III

LES MÊMES, Mme CHERY

Mme CHÉRY. — Peut-être avez-vous l'intention de rentrer dans votre chambre?

CALINE. — Mais oui, madame.

Mme CHÉRY. — Eh bien, il faudra d'abord me payer.

CALINE. — Mais, madame...

Mme CHÉRY. — Je vous demande pardon, depuis combien de temps êtes-vous chez moi?

ADRIEN. — Depuis deux mois.

Mme CHÉRY. — Depuis combien de temps ne m'avez-vous pas payée?

ADRIEN. — Depuis un mois...

Mme CHÉRY. — Depuis quatre semaines. Ne l'oubliez pas, vous êtes à la semaine. En voilà assez. Je ferme la porte. Vous ne faites rien, ni l'un ni l'autre, pour vous tirer d'embarras. Vous irez faire le réveillon dehors.

CALINE. — Mais, madame, vous n'avez pas le droit...

Mme CHÉRY. — Mademoiselle, quand on a de l'argent et qu'on s'adresse à des gens qui n'en ont pas, on a tous les droits. D'ailleurs, allez chez le commissaire de police si ça vous fait plaisir... En attendant, je garde vos affaires... Maigre gage, d'ailleurs... Vous, mademoiselle, vous n'avez rien... et, à part les quelques chemises, bottines, cravates de monsieur, ce n'est pas avec vos frusques que je me paierai...

ADRIEN. — Alors, madame...

Mme CHÉRY. — Je me défends, pour le principe, monsieur... et, parce que je suis du côté des honnêtes gens! Je vous laisse le salon pour réfléchir... Ah! à propos... il est arrivé une dépêche pour vous... Elle est là sur le piano, avec les notes... la mienne, celle de la teinturière, du pharmacien et du marchand de bois.

Elle sort.

Scène IV

LES MÊMES, moins Mme CHERY

Blanche Câline, sans un mot, désolée, se laisse tomber sur un fauteuil.

ADRIEN, après avoir regardé l'adresse du télégramme. — Lis la dépêche.

CALINE, après avoir lu. — C'est M. Laforêt... Il est revenu d'Angleterre... Il va venir nous voir tout à l'heure...

Ils se regardent.

ADRIEN. — Eh bien?

CALINE, vivement. — Je ne veux pas qu'il sache.

ADRIEN. — Comment? Puisqu'on nous met à la porte? Et puisqu'il ne sait pas que nous sommes en meublé?

CALINE. — C'est épouvantable...

ADRIEN. — C'est peut-être le moment de tout lui dire?

CALINE. — Tais-toi... Je mourrais de honte!

ADRIEN. — Tu as eu tort... Il devrait savoir la vérité depuis longtemps. Quand il la découvrira...

CALINE, navrée. — C'est épouvantable!... Mais, aussi, c'est de ta faute. Quand nous étions à Fontainebleau, tu ne cessais de lui répéter: « Mon appartement de la rue Fontaine est beaucoup trop petit. Il va falloir, au retour, que j'en cherche un plus grand!... »

ADRIEN. — Je disais ça, Câline, parce qu'on allait nous mettre à la porte de la rue Fontaine. Alors, je prenais d'avance mes précautions. Après tout, je ne le connaissais pas, moi, ton Laforêt!... Il me fait venir dans un hôtel, il m'y invite pour un jour, j'y reste deux mois... Si je ne lui avais pas parlé d'une installation très chic, que j'aurais pendant l'hiver, j'aurais été très gêné de vivre à ses crochets, pendant l'été. C'est une question de délicatesse... Et puis, d'abord, je pensais qu'on ne le reverrait plus, ce qui aurait arrangé tout.

CALINE. — Comment, tu pensais qu'on ne le reverrait plus? Mais, c'est très mal, ce que tu dis là! Un homme qui a été si bon pour nous!

ADRIEN. — Qu'est-ce qu'il a jamais fait?

CALINE. — Il a fait... qu'il est la seule personne tout à fait propre que nous connaissions. C'est déjà beaucoup.

ADRIEN. — Il a de la chance!

CALINE. — Adrien!

ADRIEN. — Parfaitement. Il a tout ce qu'il veut. Il gagne de l'argent. Il fait des explorations, des découvertes, des conférences... Il n'a qu'à se laisser vivre!... S'il était à ma place...

CALINE. — Tais-toi. C'est un homme admirable.

ADRIEN. — Oh! admirable?... Je la connais cette chanson-là.

CALINE. — Il t'a fait beaucoup de bien... Il t'a fait vendre ton tableau, ton coucher de soleil. M. Brimbesee t'en a donné cinq cents francs... Tu devrais toujours retourner le voir.

ADRIEN. — Les mains vides? Je n'ai pas de couleurs, pas de toiles, pas d'atelier. C'est très difficile... On ne fait rien sans rien...

CALINE, plaintive. — Il n'y a même plus de soleil...

ADRIEN, triomphant. — Tu vois bien!... Ah! la vie est dure! On a beau se donner un mal de chien!

Désespéré, il s'allonge sur un canapé. Il allume une cigarette.

CALINE, avec un reproche, tendre. — Qu'est-ce que tu fumes-là... Encore ce tabac d'Orient qui coûte si cher?

ADRIEN. — C'est le seul qui me donne des idées...

Un temps.

CALINE. — J'ai du chagrin, mon petit... Jamais je n'aurais cru en arriver là!... Quand je pense à cet argent que nous avions d'abord et que nous avons gaspillé comme des fous.

ADRIEN. — Ah! S'il fallait toujours prévoir l'avenir!

CALINE. — Qu'est-ce que nous allons faire?

ADRIEN. — Parle à M. Laforêt...

CALINE. — Non.

ADRIEN. — Pourquoi?

CALINE, baissant la tête. — Je ne veux pas.

ADRIEN, se levant, inquiet. — Tu l'aimes tant que ça?

CALINE. — Tu es bête!

Elle l'embrasse.

ADRIEN. — Alors?

CALINE. — Alors, je ne veux pas... j'ai mes raisons... Ne serait-ce que celle de t'aimer et d'avoir honte! Si j'étais seule, tout à fait seule, je lui parlerais peut-être... Mais, s'il me demandait, soudain, pourquoi, toi, tu ne nous tires pas d'affaire tout seul...

ADRIEN. — Tout seul! Est-ce que je n'ai pas essayé vingt fois!... Tout ce qu'on me propose est impossible, tu le sais bien. Encore la semaine dernière, cette place... Deux cents francs par mois... Compte un peu ce que ça fait par jour. Je ne peux pas travailler pour ce prix-là... C'est comme la peinture... Me vois-tu, bâclant n'importe quelle saleté... Plus tard, on me la reprocherait.

CALINE. — Qui donc?

ADRIEN. — Tout le monde.

CALINE. — Oh! tout le monde! Si tout le monde savait où nous en sommes...

ADRIEN. — Tu m'en veux... Tu penses que c'est de ma faute.

CALINE. — Mais non, je ne t'en veux pas... Mais j'ai du chagrin, c'est bien naturel... Tu ne sais pas ce que c'est que d'être femme à vingt ans et d'ouvrir une armoire vide... Je n'ai qu'une paire de bottines... Cette nuit, c'est Noël... je n'oserais pas la mettre dans la cheminée, à cause des semelles.

ADRIEN. — Câline!

CALINE. — Et M. Laforêt qui va venir d'une minute à l'autre! J'ai bien du chagrin... Et pourtant je suis gentille! Je mérite du bonheur! Je n'ai rien fait de mal. Tu verrais comme je serais jolie si j'avais des choses comme les autres femmes...

ADRIEN, frappé. — C'est vrai!

CALINE. — Pour sûr, c'est vrai... j'ai honte d'être si pauvre!

ADRIEN, très agité. — Ecoute, Caline, ce que tu dis me bouleverse, non, vraiment, tu sais, me bouleverse. « J'ai honte d'être si pauvre. » Tu as parlé ces mots-là d'une façon si vraie que ça a fait en moi une révolution...

CALINE. — Tant mieux.

ADRIEN, même jeu. — Oui, tant mieux! Pour sûr, tant mieux! C'est trop bête à la fin de vivre comme nous vivons. Il faut faire comme les autres. Il faut faire de l'argent. Tu ne t'en rends peut-être pas bien compte, mais tout le secret de la vie est là! Si je faisais de l'argent, quelle différence y aurait-il entre M. Laforêt et moi? Hein? Il n'y en aurait pas... Aussi, c'est décidé... n'importe quoi,... l'impossible... je travaillerai... je ferai de l'argent... Et nous aurons de tout ce qui nous manque, tu m'entends, de tout!

CALINE. — Adrien, tu me fais de la peine. Je te connais tellement. D'habitude, quand tu parles de « faire de l'argent », je n'y attache aucune importance. Je sais bien que ça ne veut rien dire. Tu t'énerves, tu te montes l'imagination, tu crois tout réussir... mais je sais bien qu'une heure après tu te désoles, et qu'alors nous pleurons ensemble. Nous pouvons commencer par là, puisque c'est toujours la même chose.

ADRIEN. — Ce ne sera plus la même chose... Et, la preuve, c'est que je vais descendre et tu seras contente de moi quand je reviendrai... Tu veux bien que je descende...

CALINE. — Ce n'est peut-être pas bien utile, tu sais!... Il y a quatre étages.

ADRIEN. — Tu ne me crois pas?

CALINE. — Comment veux-tu que je te croie? La vie n'a pas changé depuis tout à l'heure.

ADRIEN. — Moi, j'ai changé. Enfin, quoi, je peux bien avoir une idée de temps en temps...

CALINE. — Quelle idée?

ADRIEN. — Ah! voilà!... Je ne veux pas te la dire! Ah! non... parce que, si ça ne réussissait pas, après... c'est une superstition... Ah!

Coup de sonnette. Adrien et Blanche Câline se regardent.

CALINE, à Adrien, à voix un peu plus basse. — Tu crois que c'est lui?

ADRIEN. — Laforêt? Oh! oui! Ce doit être lui.

CALINE. — Pourvu qu'elle ne lui dise rien, et qu'elle fasse comme d'habitude, mon Dieu!

ADRIEN. — Quoi, comme d'habitude?

CALINE, très craintive. — Tu sais bien! Il la croit à notre service. C'est toi-même qui as inventé ça! Empêche-la de parler...

ADRIEN. — Ah! oui, oui! D'ailleurs, je vais la payer... Ne crains rien... je vais lui dire...

Adrien sort vite dans l'antichambre. Câline, seule, se précipite vers la cheminée, fait disparaître des choses trop laides, trop vulgaires qui traînent, de ces accessoires déteints de restaurant de nuit. Un livre. C'est une petite scène intense et muette.

Mme CHÉRY, précédant Laforêt. — Par ici, monsieur...

Entrée de Laforêt.

Scène V

Mme CHERY, LAFORET, BLANCHE CALINE

LAFORÊT, à Blanche Câline, avec son bon sourire. — Bonjour, mon petit...

CALINE, très émue. — Bonjour... je suis bien contente...

Mme CHÉRY. — En attendant, ne laissez pas fumer les lampes... ça abîme toutes les étoffes.

CALINE. — Mais, madame...

Mme CHÉRY, à Laforêt. — Il faut bien que je vous le dise, puisque vous ne le savez pas.

Elle sort.

Scène VI

BLANCHE CALINE, LAFORET

CALINE, désolée. — Je vous demande pardon... Je suis obligée de la supporter parce que...

LAFORÊT, tout simple, l'air convaincu. — Je sais, vous m'avez déjà dit: c'est une vieille bonne qui vous a élevée; vous l'aviez perdue de vue; en revenant de Fontainebleau, vous l'avez rencontrée par hasard; et comme vous quittiez votre petit appartement vous l'avez prise pour qu'elle vous aide à tenir celui-là, qui est beaucoup plus grand.

CALINE, heureuse. — Voilà!... Elle est un peu excentrique.

LAFORÊT, doctoral. — Toujours, les vieilles bonnes de province... Voulez-vous, ne parlons plus d'elle.

(Il la regarde.) Trois longues semaines sans vous voir! Pensez donc, mon petit! Ça a été dur... J'ai senti combien vous me manquerez, dès à présent... jamais Londres ne m'était apparue aussi morose... J'étais en pleine brume... mon petit morceau de soleil n'était pas là... (Il lui prend la main, la cajole.) Qu'est-ce que vous avez fait pendant mon voyage?

CALINE. — Pas grand' chose.

LAFORÊT. — Et Adrien?

CALINE. — Adrien non plus...

LAFORÊT, sans intonation. — Ah! Ah!

CALINE, vivement. — C'est-à-dire qu'il a travaillé... il a beaucoup travaillé.

LAFORÊT. — Qu'est-ce qu'il a fait?

CALINE, un peu rouge. — ...Il a entrepris... beaucoup d'entreprises...

LAFORÊT. — Ah! Ah!.. Enfin, il est content?

CALINE. — Très content.

LAFORÊT. — Parfait... (Petit silence.) Vous avez lu mes lettres?

CALINE. — Oui... (Dans la question et la réponse, il y a de la tendresse, peut-être même quelque chose de plus, qui passe.) Tout à l'heure encore, en vous attendant... Je suis si fière et si heureuse que vous ayez pensé à me les écrire!... Une surtout... une qui est si belle, plus belle que les autres!... « De quoi vais-je parler... de mes voyages ou bien de vous... »

LAFORÊT, ému. — Ma chérie!

CALINE. — C'est la dernière, celle-là! (Avec un peu d'orgueil.) Vous me l'avez envoyée cinq minutes avant de parler devant le roi!

LAFORÊT, souriant. — Voyez-vous ça!... Justement, j'ai bien failli rester court, devant le roi... Je faisais ma conférence... Je parlais depuis un quart d'heure environ; j'étais en pleine Afrique australe... quand, au deuxième rang des auditeurs, j'aperçois, soudain, une petite tête qui me regardait... C'était vous, Câline... Les mêmes yeux, le même sourire, le même enchantement puéril... J'ai cru que j'allais crier... Mes souvenirs de voyage, mon discours, la loge royale, tout cela n'existait plus. J'étais en face de votre visage. Je me suis arrêté net, je n'ai plus trouvé mes mots, j'ai pataugé... Vraiment, il me semblait que vous étiez là, venue, je ne sais comment, pour me voir et pour m'entendre... A la fin de la cérémonie, j'ai cherché l'inconnue, je l'ai revue, elle a passé devant moi... La ressemblance était envolée. Ce n'était plus ça, plus ça du tout... Je pense encore aujourd'hui que j'ai été visité par un miracle, une hallucination. Mais c'est la seule minute de mon voyage où je n'ai pas été tout à fait à l'étranger... une minute où vous étiez là!

CALINE. — Comme vous êtes bon. Jamais on ne m'a dit des choses pareilles... Vous me rendez très heureuse, et vous me feriez presque pleurer... Je comprends si bien que vous ayez cru me voir, là-bas... Je pensais tellement à vous... C'est peut-être pour ça que mon visage vous est apparu...

LAFORÊT. — C'est sûrement pour ça!... Tenez, ma petite enfant, vous ne pourriez pas être malade sans que je le sache... vous ne pourriez pas avoir un ennui sans que je le devine... Pourquoi fermez-vous les yeux?

CALINE, comme pieusement. — J'écoute vos paroles dans mon cœur.

LAFORÊT. — Ma petite... ma petite...

Il baise ardemment sa main. Entre brusquement Mme Chéry.

Scène VII

LES MÊMES, Mme CHERY

Mme CHÉRY. — J'ai besoin des lampes, je vous les rapporte tout de suite.

Elle prend les lampes et sort à gauche; la pièce n'est plus éclairée que par un grand reflet qui vient par la fenêtre; on entend un orchestre lointain.

Scène VIII

BLANCHE CALINE, LAFORET

LAFORÊT. — Cet orchestre, qu'on entend, c'est celui du bal public, en face?

CALINE. — Oui... Et ce sont les globes de la façade qui nous éclairent... heureusement! Je me demande pourquoi elle a pris les lampes...

LAFORÊT, flegmatique. — L'âme des vieilles bonnes est insondable! Ne vous frappez pas, mon petit... Cela n'a aucune importance. Ça ne vous gêne pas, cette musique presque incessante?...

CALINE. — Non. Je m'y habitue... Adrien adore ça... D'ailleurs, les rideaux fermés, on ne l'entendrait plus...

LAFORÊT. — Ah! voilà les lampes qui reviennent.

Mme Chéry en effet revient, repose les lampes. Blanche Câline et Laforêt la regardent, l'une avec inquiétude, l'autre avec intérêt. Mme Chéry a enlevé son tablier, s'est mise une rose dans les cheveux. Elle ferme les rideaux de la fenêtre. L'orchestre s'éteint... Alors Mme Chéry, tranquillement, méchamment, s'installe au piano et commence à jouer la *Lettre à Manon*.

Scène IX

LES MÊMES, Mme CHERY

LAFORÊT, mordillant sa moustache. — Elle est tout à fait pittoresque...

CALINE, navrée, ne sachant plus que craindre. — Elle m'a vue toute petite...

LAFORÊT, même jeu. — Je sais, je sais... (Il se lève, se dirige vers Mme Chéry et placidement lui touche l'épaule, puis, très simple.) Dites donc, madame, vous n'allez pas me foutre le camp?

Mme CHÉRY, se levant, outrée. — Oh! me foutre le camp! me foutre le camp! C'est trop fort! Mais c'est elle, monsieur, qui devrait « foutre le camp », comme vous dites! Ce n'est pas moi. Je suis dans mon salon, monsieur! Chez moi! Vous comprenez, chez moi!... Quant à vous, ma petite, au lieu de mentir, vous feriez mieux de me payer... et je veux l'être tout de suite, vous entendez, tout de suite... (Blanche Câline s'est effondrée, désespérée. Laforêt, sans répondre, va ouvrir la porte, puis, toujours très tranquillement, il prend Mme Chéry par le bras.) Ne me touchez pas! Ne me touchez pas!

LAFORÊT, d'un timbre égal et sans perdre le sourire. — Madame, il y a bien des espèces de femmes... Celle dont vous êtes me répugne profondément!... Vous voyez cette porte... (La voix soudain se fait brève.) Et ne la repassez que quand je vous le dirai.

Mme CHÉRY, la voix blanche. — Je sors, voyou... Mais je me demande qui vous êtes!

LAFORÊT, exquis. — Madame, je suis l'envoyé de Dieu!... Allez, ouste!...

Mme Chéry sort, furieuse, admirative et matée.

Scène X

BLANCHE CALINE, LAFORET

LAFORÊT, se retournant vers Blanche Câline... très doux, très tendre. — Mon petit, je vous demande pardon de cette expulsion un peu brutale, mais il était temps que ça finisse. Cette femme mûre n'était plus digne de jouer les vieilles gouvernantes.

CALINE, tout à fait désespérée. — Qu'est-ce que vous allez croire, maintenant? Vous ne saviez pas...

LAFORÊT. — Je savais très bien.

CALINE. — Qu'est-ce que vous dites?

LAFORÊT. — Je savais très bien, et depuis longtemps.

CALINE. — Quelle honte! Et que pensiez-vous?

LAFORÊT. — Je vous adorais. Chacune de vos petites inventions trouvait des moyens nouveaux de m'émouvoir. Vos ruses étaient des preuves de franchise. Ma petite, est-ce qu'une autre femme, moins honnête, aurait pu me croire, une seconde, aveugle et sourd à ce point-là? Voyons, est-ce qu'il vous ressemble, cet appartement louche? Est-ce que ce serait comme ça, chez vous?

CALINE. — ...Alors, pourquoi m'avez-vous laissé mentir, moi qui ne sais pas?

LAFORÊT. — Parce que votre mensonge était très chic, très propre, parce que je vous en étais reconnaissant! Parce qu'il m'apparaissait comme une preuve.

CALINE. — Comme une preuve d'amour. C'est vrai je vous aime!... Et je ne sais pas comment je vous aime. J'ai un amant auquel je ne voudrais pas faire de peine, et que je chéris avant toutes choses... c'est mon amoureux... mais, vous, il me semble que je suis dans votre cœur, chaudement, sûrement, et qu'une fois là, je n'ai plus rien à craindre.

LAFORÊT. — ...Dites-moi tout, mon petit. Vous êtes très malheureuse.

CALINE. — Très malheureuse, c'est vrai.

LAFORÊT. — Rien ne va plus dans la vie, hein?

CALINE. — Rien du tout... J'ai le cœur très gros!

Il la regarde, toute meurtrie.

LAFORÊT. — Pauvre petite! Si jolie! Si douce! Il ne faut plus que vous ayez à souffrir. Il ne le faut plus. (Il lui prend la main.) Hein? Qu'est-ce qu'on va faire?... Adrien?

CALINE. — Oh! il essaie bien tout ce qu'il peut... il ne sait pas... Il attend la chance.

LAFORÊT. — Oui, mais, l'argent... vous n'en avez plus...

CALINE, vivement. — Oh! si.

LAFORÊT. — Où ça?

CALINE, s'étranglant. — ...Dans une banque!

LAFORÊT. — Quelle banque?

CALINE. — ...Je ne sais pas, moi. Je ne m'occupe pas de ces choses-là... C'est Adrien!

LAFORÊT. — Oh! alors... si c'est Adrien!

CALINE. — C'est toujours lui qui tient les comptes...

LAFORÊT. — Où est-il?

BLANCHE. — Dans ce moment-ci?

LAFORÊT. — Oui.

CALINE. — Il est descendu faire une course.

LAFORÊT. — Utile?

CALINE. — Oh! non!... Il va revenir dans quelques minutes... Tout désolé probablement... Ne le grondez pas.

LAFORÊT. — Oh! je n'ai pas à le gronder... Je ne suis pas un moraliste... Mais c'est un garçon très coupable... Vous ne voyez pas tous les dangers qui vous menacent... (Il fait quelques pas, réfléchissant.) Vous auriez dû tout de même me parler plus tôt. Je repars dans huit jours. C'est à peine si nous aurons le temps de rétablir un peu la vie...

CALINE. — Vous partez?

LAFORÊT. — Je pars en Egypte. J'ai accepté une mission.

CALINE, tremblante. — ...Vous resterez longtemps?

LAFORÊT. — Quelques mois.

CALINE. — Mon Dieu! Mon Dieu!

Elle fond en larmes.

LAFORÊT. — Câline... Mon enfant chéri! Je vous en prie, ne pleurez pas.

CALINE. — Rien n'est plus triste pour moi que de vous voir partir. C'est tout ce qui me reste de beau dans la vie, tout le meilleur, qui s'en va. Je ne connais plus personne au monde... Si vous deviez vous en aller, j'aurais préféré ne jamais vous avoir revu.

LAFORÊT. — Ne dites pas des choses pareilles!... Et puis : je vais partir ?... Je ne suis pas encore parti!... En tout cas, je ne pars que dans huit jours... On fait bien des choses en une semaine... Regardez plutôt le bon Dieu! Hein?... Allons, souriez, mon petit, souriez. Nous allons arranger tout ça!... Avez-vous déjà vu les arbres, l'hiver, quand la neige les rend très vieux?

CALINE. — J'ai vu ça, quand j'étais petite, dans mon pays...

LAFORÊT. — Mais depuis?

CALINE. — A Paris? Non.

LAFORÊT. — Eh bien, nous allons aller en voir!... Nous partons demain, en auto, pour notre auberge... (Elle le regarde.) Parfaitement, celle de cet été... celle où je crois que vous avez été heureuse, mon petit... Je vous emporte là-bas une seconde fois...

CALINE, timidement. — ...Nous irons... tous les deux...

LAFORÊT. — Non, pas tous les deux... rassurez-vous: nous emmènerons Adrien!... Qu'il ne fasse rien là-bas, ou qu'il ne fasse rien ici, pour lui le résultat sera le même.

CALINE. — Oh!

LAFORÊT, souriant. — Vous trouvez que ce n'est pas gentil, ce que je dis là?... Je le retire... En tous cas, j'aurai ce paresseux dans ma main. Je lui parlerai. On réfléchira. Peut-être lui trouverai-je quelque chose chez Brimbesec. Je suis en bons termes avec lui. Il était avec moi à Londres. Il y est encore.

CALINE. — Ah! il n'est pas à Paris, Brimbesec?

LAFORÊT. — Non, Brimbesec est à Londres. Il me cherche des tableaux de l'école anglaise. Mais, pour Adrien, il le prendra au retour. Il lui donnera une place, quelque chose de régulier qu'il devra faire tous les jours... et qui le mènera devant une caisse au bout du mois... Comme ça, je m'en irai tranquille... Pauvre petite fille si jolie, c'est que ce n'est pas facile de s'occuper d'elle!... Pendant trois mois, avec son orgueil... elle a arrêté mon action! Et « mon appartement »... et « ma vieille bonne »... et « les occupations d'Adrien »... tout ça, qu'il fallait que j'aie l'air de croire!

CALINE, toute contrite. — J'ai eu tort...

LAFORÊT. — Mais non, vous n'avez pas eu tort... Vous avez eu raison... Toute cette fable, c'était un charme délicieux qui venait de vous!... Moi, par exemple, j'ai eu tort... J'aurais dû provoquer plus tôt vos confidences... Quand je pense que sans le piano de Mme Chéry... A propos, il faut la payer, cette vieille gouvernante...

Il va vers la porte.

CALINE. — Non, pas vous...

LAFORÊT. — Pourquoi, pas moi?... Ce n'est qu'une avance à Adrien... Il me rendra ça plus tard... (Il a ouvert la porte.) Madame Chéry!... Madame Chéry!...

Arrivée de Mme Chéry.

Scène XI

LES MÊMES, Mme CHERY

Mme CHÉRY. — C'est vous qui m'appelez... voyou?

LAFORÊT. — C'est moi-même... Allez chercher votre quittance et revenez toutes les deux, l'une portant l'autre...

Mme CHÉRY. — Vous avez raison de payer... Mais je les mettrai tout de même à la porte.

LAFORÊT, sévère. — Allez, Chéry, allez!

Mme Chéry, terrorisée, disparait.

Scène XII

BLANCHE CALINE, LAFORET

LAFORÊT, se retournant vers Blanche Câline. — Allons, Câline, allons... enlevez-moi tout ça, toute cette tristesse qui est sur votre figure... La vie n'est pas si mauvaise... Il faut savoir s'y prendre... Il faut se mettre bien avec elle!

CALINE. — Mais vous partez!

LAFORÊT. — Je pars... je pars... oui, je pars... Mais, quoi, partir, c'est se mettre en route pour le retour!... Allons, mon petit, soyez brave et gardez le sourire pour être jolie!... Si vous saviez, ma petite enfant, comme je vous aime, comme je veux votre joie...

La dernière phrase, il l'a dite sans maitriser son émotion.

Entre Adrien.

Scène XIII

LES MÊMES, ADRIEN

Sans dire un mot il va, d'abord, droit à Câline, et il l'embrasse longuement, presque trop longuement...

LAFORÊT, sans rien manifester de ce qu'il pense. — Eh bien, mais, je suis là...

ADRIEN, comme quelqu'un qui veut se donner de l'aplomb. — Oh! pardon, cher ami, comment allez-vous?

Il tend la main.

LAFORÊT. — Et vous?

ADRIEN. — Moi, pas mal, merci, pas mal..

LAFORÊT. — Vous paraissez nerveux.

ADRIEN. — La fatigue... La vie de Paris... les tracas...

LAFORÊT. — Le surmenage!

ADRIEN. — Oui... un peu! Et puis la neurasthénie...

LAFORÊT. — Il vous faudrait le grand air...

ADRIEN. — Oui, la montagne. Malheureusement, je ne peux pas m'absenter de Paris... Sans quoi, j'aurais sous-loué cet appartement...

Entre Mme Chéry.

Scène XIV

LES MÊMES, Mme CHERY

Mme CHÉRY. — Voilà la quittance...

ADRIEN, vivement. — Ne nous dérangez donc pas quand nous sommes dans le salon... (Il s'excuse.) Elle ne sait pas... une vieille bonne, elle n'a pas de tenue... (Puis directement à Mme Chéry.) Tenez, payez, payez... et vous me rendrez la monnaie... C'est la quittance du gaz... (Il tend un billet de cinq cents francs. Mme Chéry, stupéfaite, prend le billet. Adrien, la poussant dehors.) Eh bien, allez, Victoire, allez...

Il hausse les épaules et se met dans un fauteuil.

Scène XV

LES MÊMES, moins Mme CHERY

CALINE, courant vers lui, joyeuse. — Tu as de l'argent!

ADRIEN. — Mais, naturellement! Cela n'a rien de si extraordinaire, j'espère...

CALINE, l'embrassant. — Oh! tu peux parler devant monsieur Laforêt: je lui ai tout dit... toute la vérité...

LAFORÊT. — Oui... Il ne faut plus que vous restiez ici...

ADRIEN. — Pourquoi donc? Nous ne sommes pas mal... Autre part ce serait la même chose...

LAFORÊT. — Ce n'est pas la place de notre petite amie...

ADRIEN. — Notre petite amie! C'est Câline que vous appelez comme ça...

CALINE, alarmée soudain par le ton d'Adrien. — Adrien!

LAFORÊT, avec son sourire et son calme. — Oui, justement, c'est Câline... Il ne faut plus qu'elle reste ici... Et, d'ailleurs, elle le sait bien... Alors, pendant que vous étiez descendu...

ADRIEN. — J'étais descendu pour affaires.

LAFORÊT. — J'entends bien. Pendant que vous étiez descendu, pour affaires, nous avons causé. Et nous avons décidé que nous allions partir, tous les trois...

ADRIEN. — Ecoutez, je suis désolé, mais je ne peux pas.

CALINE. — Pourquoi?

ADRIEN. — Mais, parce que!... Je n'ai pas mille raisons à donner. Je ne peux pas, voilà tout.

LAFORÊT. — J'avais pourtant l'intention, sachant vos difficultés, de les examiner avec vous...

ADRIEN. — Je ne vous dis pas, vous êtes très aimable. Mais je ne peux pas.

LAFORÊT. — Ah!... Alors...

CALINE, courant vers Adrien et désolée du courant des choses. — Adrien... je ne te reconnais plus... Pourquoi réponds-tu comme ça à monsieur Laforêt?...

ADRIEN. — Je ne réponds rien d'extraordinaire. Je ne veux pas m'en aller, je le dis. Monsieur Laforêt croit toujours que je dois suivre les décisions qu'il a prises, tout seul ou avec toi..

CALINE. — Oh! tu es jaloux! C'est pour ça que tu dis des bêtises. Tu sais bien pourtant que je t'aime... Ce que dit monsieur Laforêt, c'est pour notre bien à tous les deux... Il n'a pas de mauvaises intentions envers toi.. Tu es tout [illegible]ale!... Est-ce qu'on se met dans des états pareils... Es-tu bête?

Elle l'embrasse.

LAFORÊT, *calme, mais fâché, sérieusement fâché.* — Mes enfants, en voilà assez. Je m'occupe de vous très gentiment : j'aime beaucoup cette petite, mais en voilà assez. Je n'ai pas qu'à penser à vous dans la vie. Je voulais bien vous donner un peu de mon temps. Vous n'en voulez pas, bonsoir. *(Câline fait un mouvement vers lui, il continue sèchement.)* Je vous en prie, Câline, je vous en prie... Bonsoir.

Il met son chapeau et sort.

Scène XVI

BLANCHE CALINE, ADRIEN

ADRIEN, *arrêtant Câline.* — Eh bien, quoi, tu ne vas pas lui courir après...

CALINE. — Mon Dieu, tu n'as pas vu comme il est fâché. Il ne reviendra pas! Et il part dans huit jours. Nous ne le verrons plus jamais, c'est fini. Mon seul ami! Tu m'as fait perdre mon seul ami!

ADRIEN. — Et puis après? Je suis là, moi! Je compte pour quelque chose.

CALINE. — Pourquoi as-tu fait ça?

ADRIEN. — Parce que !... Enfin, est-ce que tu m'aimes, oui ou non?

CALINE. — Mais oui, je t'aime!

ADRIEN. — Eh bien, alors, tout va bien, nous n'avons plus besoin de M. Laforêt. *(Câline se met à pleurer.)* Ah! Câline! Voyons, Câline, ce n'est pas gentil!

Entre Mme Chéry.

Scène XVII

LES MÊMES, Mme CHERY

Mme CHÉRY. — Voilà votre monnaie.

ADRIEN, *agacé.* — Merci, laissez-nous.

Mme Chéry sort.

Scène XVIII

BLANCHE CALINE, ADRIEN

CALINE, *levant les yeux.* — C'est vrai, tout de même, tu as eu de l'argent?

ADRIEN. — Mais oui, mon petit. Quand je te le disais! *(Il va près d'elle, la caresse.)* Ah! Je t'aime, tu sais! Et puis, nous en aurons encore! Et tu verras que tu seras une belle petite, et bien habillée, comme les autres... Et puis, nous vivrons pour nous, rien que pour nous, sans nous occuper de personne... Là, es-tu consolée?... Je t'aime...

CALINE. — Et tu pourras encore avoir de l'argent?

ADRIEN. — Mais oui!

CALINE. — Peut-être que M. Laforêt reviendra nous voir...

ADRIEN. — Mais oui, il reviendra. Et je l'inviterai à dîner, là! Je l'emmènerai à Compiègne! Chacun ses arbres!

CALINE, *souriante.* — Tu es bête.

Ils s'embrassent.

ADRIEN. — Mais non, mais non, je ne suis pas si bête que ça... Et, d'abord, je suis très content de mon attitude avec Laforêt... Nous n'avons pas besoin de lui. A la fin, tu serais tombée amoureuse... tandis que, maintenant, tu comprends, j'ai repris du pied... Tu es à moi, à moi tout seul...

CALINE. — Mais... comment tu as eu cet argent-là?

ADRIEN. — Je l'ai gagné... Dis donc, tu ne sais pas ce qu'on va faire? On va sortir. Il y a encore des boutiques ouvertes ; tu t'achèteras des petites choses. Et on va faire le réveillon! La noce! Ah! mon petit, tu vas voir! On s'aime, tous les deux, on s'aime! Tiens, tiens...

Il l'embrasse encore.

CALINE, *avec tendresse.* — Oh! si tu étais sérieux, travailleur, comme tu serais gentil!

ADRIEN. — Mais je le serai, ma gosse, je le serai. Patience. Ça vient!

CALINE. — Tu crois?

ADRIEN. — J'en suis sûr.

CALINE. — Je serais bien heureuse!

ADRIEN. — Je te le dis. Me voilà parti. La fortune, la Légion d'honneur, tout le bazar! La chance!... Et l'amour!

CALINE. — Et, pour ici, qu'est-ce qu'on fait?

ADRIEN. — On reste... Tiens, tu vois, elle a rouvert la porte...

CALINE. — Mais, le vieux locataire?

ADRIEN. — Laisse donc, elle s'arrangera!... Au fond, Mme Chéry, elle a toujours raffolé de moi... Allez, mets ton chapeau... Il est minuit, tu sais!... Pour moi, ce n'est plus le réveillon, c'est le réveil... La diane! ta ra ta ta, ta ra ta ta... Eh bien, qu'est-ce que tu as?

CALINE, *troublée.* — Je n'en reviens pas... Tu as de l'argent... tu parles à M. Laforêt comme à un copin... tu es gai... tu es trop gai... Qu'est-ce que tu as fait?

ADRIEN, *ennuyé, mais souriant.* — Oh! tout de même, ce que c'est curieux, les femmes! Je n'ai rien fait d'extraordinaire... J'ai... j'ai réfléchi à ce que tu m'as dit tout à l'heure... j'ai été trouvé quelqu'un qui m'a commandé des tableaux... et qui m'a donné une avance...

CALINE, *doucement.* — Mais qui, quelqu'un?

ADRIEN, *la voix moins assurée.* — Tu le sais bien, voyons... Brimbesce...

CALINE, *avec éclat.* — Mais, tu mens ! tu es un menteur!

ADRIEN, *perdant pied.* — Pourquoi? Pourquoi me dis-tu ça?

CALINE, *faisant effort pour rétrograder.* — Où l'as-tu vu, Brimbesce...?

ADRIEN, *même jeu et reprenant assurance.* — Chez lui... J'ai même eu de la chance ... il allait sortir pour souper... Il était de bonne humeur, je suis bien tombé...

CALINE, *douloureusement.* — Oh! oh!

Elle tombe dans un fauteuil.

ADRIEN. — Mais, qu'est-ce que tu as, voyons?

Il veut l'embrasser.

CALINE, *se dégageant, brusque.* — Laisse-moi!

ADRIEN. — Tu es folle...

CALINE, *avec éclat.* — Menteur! Menteur! Brimbesce n'est pas à Paris.

ADRIEN, *s'efforçant pour rire, la voix blanche.* — Comment, il n'est pas à Paris... Oh! ça, c'est trop fort.

CALINE, *pressante.* — Il est à Londres!... Adrien, comment as-tu eu cet argent... je veux que tu me le dises...

ADRIEN, *essayant de se dérober.* — Tu es embêtante, tu sais!

CALINE, *même jeu, crescendo.* — Je veux que tu me le dises! Sans ça, Adrien, je ne t'aimerai plus, je ne t'aimerai plus du tout... Comment as-tu eu cet argent?

ADRIEN, *se dégageant.* — Je vais te le dire, là, je vais te le dire! Ne te mets pas dans cet état-là... Je n'ai pas fait un crime!

CALINE. — Alors, mentir, pourquoi?

ADRIEN, *dans les nerfs et la plainte.* — Parce que, avec les femmes, on ne sait jamais!... Et puis, d'abord, tu n'as pas le droit de me parler sur ce ton-là! Non, tu n'as pas le droit! Après tout, si j'avais... si j'avais été trop loin, ce serait de ta faute, parce que je t'aime, parce que je veux que tu aies tout ce qu'il te faut... Pour toi! Oui, pour toi! Alors, tu n'aurais qu'à te taire! Tu es méchante!

On croirait qu'il va pleurer.

CALINE, *nette.* — Je ne suis pas méchante. Tu dois me dire toute la vérité. La franchise! Ça, c'est de l'amour, la franchise!

ADRIEN, *hésitant, désemparé.* — Ça dépend! A ce jeu-là, la franchise, ça dépend de l'atout!... Enfin, voilà. Mais tu m'aimeras tout de même, dis? N'importe ce que je te dirai... même si tu n'es pas contente?

BLANCHE. — Oui, oui...

ADRIEN. — Et, d'abord, c'est bien pour toi, tu sais!... *(Il s'arrête.)* Et puis, non, là, tu n'as pas besoin de savoir.

CALINE, *changée, raidie.* — Adrien, je te le jure, je te le jure, si tu ne parles pas tout de suite, je m'en vais... *(Avec une résolution plus grande encore.)* Oui, moi, la petite fille, je m'en vais! Je ne saurai rien, mais tu ne me reverras plus.

ADRIEN, *avec un ricanement.* — Tu iras chez Laforêt?

CALINE, *même jeu.* — Non, puisque tu m'as fâchée avec lui! Et puis, ça ne te regarde pas. Parle ou tais-toi. Choisis...

ADRIEN, *très malheureux.* — Si je parle, tu me pardonneras?

CALINE, *après une demi-seconde, sincère.* — Je te pardonnerai tout, oui...

ADRIEN. — C'est qu'aussi, moi, je ne sais plus! Tout à l'heure, tu me reprochais de ne pas avoir d'argent, et, maintenant, tu me reproches d'en avoir!

CALINE. — Je te reproche de mentir, c'est tout.

ADRIEN. — Eh bien, oui, oui, tu as raison! Quand on est comme nous sommes, il faut tout se dire. Tu me comprendras, j'en suis sûr... Tout l'un pour l'autre! Assieds-toi, et puis, donne-moi tes petites mains... là... Tu avais deviné, ce n'est pas Brimbesec qui m'a donné les cinq cents francs... c'est une autre personne...

CALINE. — Un ami?

ADRIEN. — Non... une autre personne que tu ne connais pas... Je vais te dire... Je l'ai rencontrée, pour la première fois, il y a huit jours, juste... dans un thé, oui... il faisait froid... j'avais cent sous sur moi, j'ai été prendre le thé... Alors, elle m'a regardé, et j'ai bien vu que je lui plaisais. Elle a dit son nom, tout haut, exprès, à une amie, et son numéro de téléphone... Tu ne te fâches pas?

CALINE. — Non, non... va, va...

ADRIEN. — Son nom, je le connaissais. C'est Gabrielle Montinat, l'actrice, qui joue ici, à côté... tu sais bien, dans cette nouvelle boîte à la mode...

CALINE. — Alors?

ADRIEN. — Alors, avant-hier, je l'ai revue... Oh! je n'y pensais pas, je te jure... Tu sais que je t'aime... J'étais assis au café qui est en bas, au coin de la rue... Il était quatre heures, et j'étais seul, près de la glace... Montinat est passée en voiture, et elle m'a vue! Sans doute, tu comprends, qu'elle revenait d'une répétition à côté... Enfin, elle m'a vu... Qu'est-ce que tu as? Tu vois bien que j'aurais mieux fait de me taire...

CALINE. — Mais non... j'écoute ce que tu me dis, voyons, j'écoute...

ADRIEN. — Mais, si ça te fait souffrir! Oh! tu as tort, Câline, tout ce que j'en ai fait, c'est pour toi!

CALINE. — Je ne te dis pas le contraire. Va donc...

ADRIEN. — Alors, Montinat, dans sa voiture, était avec une amie, toujours la même... Elles sont descendues toutes les deux... et elles sont venues s'asseoir à côté de moi... J'étais d'abord très ennuyé... je n'étais pas très propre, une vieille cravate, et puis, Montinat, tu sais... ces femmes-là, je ne peux pas les souffrir!... Seulement, elle a vu que j'allais partir, et elle m'a parlé! Oh! je n'ai pas été très aimable... Mais elle s'en fichait.. Elle m'a dit que je pourrais toujours aller la voir le soir, que son amant était en province, et qu'elle était seule dans sa loge... Tu penses, si ça m'était égal! Je l'ai saluée poliment, et je suis parti... Je n'y pensais plus du tout, mais plus du tout, je te le jure... quand ce soir...

CALINE. — Ce soir...

ADRIEN. — Je t'ai vu si malheureuse, si pauvre, moi, incapable de m'en sortir... je me suis rappelé ce qu'elle m'avait dit, et qu'elle était riche, très riche, et que toi, tu manquais de tout... alors... j'ai été la trouver, et elle m'a donné cinq cents francs... Oh! mais! je ne lui ai pas parlé de toi. Si j'ai fait une saleté, c'est en mon nom seulement! Oh! oui! En mon nom seulement! Quand je la reverrai, elle ne saura jamais rien...

CALINE. — Parce que tu vas la revoir...

ADRIEN. — Ah! oui! il faut bien! Sans ça, tu comprends, elle n'aurait pas voulu... Mais tu n'as rien à craindre, mon petit! C'est pour toi, ce n'est rien que pour toi! Tu en es sûre, n'est-ce pas, dis-moi que tu en es sûre!

Il va pour la prendre dans ses bras.

CALINE, *se lève, avec un frisson terrible, un air d'égarement.* — Laisse-moi! Laisse-moi! Je ne veux plus t'entendre! Je ne veux plus te voir! Je vais me tuer, je vais me tuer!

ADRIEN, *affolé.* — Câline!

CALINE, *tombant comme un ressort cassé.* — C'est toi qui as fait ça, c'est toi!

Elle fond en larmes.

ADRIEN, *même jeu.* — Mais tu es folle! Mais tu n'as pas compris! C'est parce que je t'aime que je l'ai fait! C'est parce que je t'aime.

CALINE, *désespérée.* — Non, non! C'est fini! Tu as fait une chose horrible, c'est fini!

ADRIEN. — Oh! c'est trop fort, à la fin! Puisque je ne peux pas trouver du travail, tu aurais mieux aimé que je vole!

CALINE, avec égarement. — Je ne sais pas... peut-être... oui...

ADRIEN. — Oh! c'est trop fort! C'est trop fort!

CALINE. — Adrien, tu vas aller rendre cet argent, tout de suite...

ADRIEN. — Où, le rendre? Elle a déjà quitté son théâtre. Et puis, j'ai payé la propriétaire... Attendons plutôt quelques jours, je lui rembourserai... J'ai eu tort! Oui, j'ai eu tort, je le reconnais! Tout de même, comment aurions-nous fait demain? Et ce soir, où aurions-nous couché? Puisque tu ne voulais rien demander à Laforêt... Il fallait bien en sortir, voyons... Sans ça, si je n'avais pas trouvé ce soir, c'est peut-être toi, demain... et ça, n'est-ce pas, je n'aurais pas voulu...

Il a l'air bouleversé.

CALINE, blême, comme devant une évocation nouvelle. — Moi?... Oh! oui, oui, moi... j'aurais mieux aimé cela, Adrien, j'aurais mieux aimé!

Et elle fond en larmes, elle s'affaisse sur le canapé; elle est une chose frappée en plein cœur, en pleine âme.

ADRIEN. — Câline! Câline!

CALINE, elle se relève, elle essuie ses yeux, elle parle comme quelqu'un qu'une grande douleur vient de frapper. — Maintenant, d'ailleurs... je suis toute seule... toute seule... je n'ai plus personne qui me connaisse... M. Laforêt est parti... Eh bien, quoi? Il fallait que ça arrive... Il le fallait... Au revoir, Câline... au revoir...! Je m'en vais choisir un autre nom!...

La porte du fond s'ouvre entièrement, entre Laforêt, pâle lui aussi. Il fait un pas vers Adrien.

Scène XIX

LES MÊMES, LAFORET

LAFORÊT, à Adrien. — Vous êtes un misérable. (Câline a un tel saisissement qu'elle perd à moitié connaissance. Laforêt la retient dans son bras. Elle est presque inerte.) Tout à l'heure, j'ai eu tort de m'en aller. Je flairais quelque chose. Arrivé en bas de l'escalier, je suis remonté. Tout m'a servi. La porte de l'appartement ouverte, celle-ci, contre. J'ai entendu. Tout. Vous êtes un misérable. Ne bougez pas. Cette femme est dans mes bras. Elle y restera. Désormais, ce n'est plus la vôtre, c'est la mienne. Vous êtes un misérable. Taisez-vous!

RIDEAU

Laforêt. « *Cette femme est dans mes bras. Elle y restera.* »

Rachel. Jean. Kort. Bourgade. Marseval. Antonine. Laforêt.

Scène V. — Laforêt : « *Bonsoir, Antonine !* »

ACTE III

Chez Laforêt. Un petit salon, cabinet de travail, tout à fait à l'image de celui qui l'habite, luxueux et intelligent, avec des souvenirs de voyage, des objets d'art, des raretés. A droite, une porte qui donne sur la chambre. Vers le fond, sans qu'il y ait de portes fermées, une grande antichambre, où, de préférence, une pièce donnant sur l'antichambre et la séparant du petit salon de travail, dans lequel se déroule l'action. Un divan dans un angle, coussins, étoffes exotiques. Il est minuit moins le quart.

Scène première

MARSEVAL, puis ANTONINE BARGES

Au lever du rideau, Marseval, seul, fumant des cigarettes.

ANTONINE, entrant, somptueuse. — Comment, vous êtes seul ?

MARSEVAL, lui baisant la main. — Tout seul. Je m'ennuyais!... Je ne savais pas quoi me dire... j'en étais gêné! Par exemple, je croyais bien que Laforêt serait chez lui, ou qu'il arriverait avec vous... Je ne l'ai pas vu depuis son retour de Londres; mais il m'avait écrit de là-bas: « Je rentre le vingt-quatre, au matin; nous ferons le réveillon ensemble. Viens chez moi à onze heures et demie. » Il est minuit moins dix. Je l'attends depuis vingt minutes.

ANTONINE. — Il est arrivé pour le déjeuner. Je l'ai vu à peine, chez moi, quelques instants: à une heure, j'avais la répétition de la nouvelle pièce de Bourgade...

MARSEVAL. — C'est bien?

ANTONINE. — Pas mal. Tout d'un bloc. Sans complication. Ça fera un argent fou en Amérique. J'irai...

MARSEVAL. — Et Laforêt ?

ANTONINE. — Il me suivra, puisqu'il m'aime et puisqu'il est mon amant.

MARSEVAL. — Et moi ?

ANTONINE. — Vous? Vous viendrez aussi; vous serez mon régisseur...

MARSEVAL. — Bravo! Tout de suite... partons!

Il se lève.

ANTONINE, riant. — Attendons Laforêt.

MARSEVAL, même jeu. — C'est vrai.

ANTONINE. — Vous ne savez pas où il est allé? Son domestique?

MARSEVAL. — Ne sait rien non plus. Nous soupons ensemble, voilà l'important.

ANTONINE. — C'est inouï ce qu'il devient mystérieux... J'espère qu'il ne conspire pas...

MARSEVAL. — Qui sait?

ANTONINE. — Il ferait mieux! Un homme comme lui!... Mais je soupçonne des raisons plus modestes... Depuis cet été, depuis sa crise de neurasthénie... entre nous, sa neurasthénie?... Hein? J'ai toujours eu des doutes sur cette neurasthénie...

MARSEVAL. — Oh! chère amie! Pouvez-vous dire! C'est moi qui l'ai soigné... à Fontainebleau...

ANTONINE. — Oui, oui... Je n'aime pas beaucoup les certificats de complaisance, vous savez... Enfin, avouez-le, mon amant, mon illustre amant, devient un problème...

MARSEVAL. — Un problème? Qu'est-ce que ça peut vous faire... vous avez sa clef!

ANTONINE, riant. — Vous êtes très bête...

MARSEVAL, orgueilleusement. — C'est ma santé.

ANTONINE, affirmative. — Vous vous portez bien.

Oui, j'ai sa clef, c'est vrai... mais, parfois, j'ai l'impression qu'il y a des rats dans la serrure... Par moments, si je n'avais pas mon théâtre... mais j'ai mon théâtre, ça sauve tout... Deux brins de fard sur un chagrin, le chagrin passe... Mais, d'abord, il ne s'agit pas de chagrin...

MARSEVAL. — Mais non, il ne s'agit pas de chagrin! En voilà une conversation! La vie est belle, comme dit Laforêt. On va souper, crier, danser! Où ça, à l'Abbaye?

ANTONINE. — Non, au café de Paris. Bourgade a retenu les places.

MARSEVAL. — Bourgade en est?

ANTONINE. — Vous pensez, mon auteur de demain.

MARSEVAL. — Et celui d'aujourd'hui.

ANTONINE. — Korf? Naturellement.

MARSEVAL. — Ils vont se dévorer.

ANTONINE. — Vous oubliez qu'il y aura la dompteuse.

MARSEVAL. — Alors, nous serons...?

ANTONINE. — Sept ou neuf. Vous, Laforêt, moi, la petite Rachel de Cerne.

MARSEVAL. — Elle vous déteste!

ANTONINE. — Ça ne fait rien, il faut l'avoir: la femme aux trois divorces...

MARSEVAL. — Dont les trois maris sont célèbres!

ANTONINE. — Et dont les amants sont connus...

MARSEVAL. — Elle est avec Bourgade?

ANTONINE. — Non, avec Korf. Bourgade, c'était avant, quand elle était mariée au ministre...

MARSEVAL. — Mais, alors, ce soir, elle sera avec deux amants à elle...

ANTONINE. — Trois, mon cher, voyons: le petit Rivard vient aussi.

MARSEVAL. — Ah! c'est vrai, c'est vrai!... Mais, dites donc, est-ce que, moi-même, avec elle... il y a deux ans... hein? Il me semble...

ANTONINE. — Mais oui, voyons! Tout le monde le sait!... Vous serez quatre, là!

MARSEVAL. — Les quatre sergents de la Rachel.

ANTONINE. — Décidément, vous êtes très bête!

MARSEVAL, *triomphant.* — Décidément, je me porte très bien...

ANTONINE. — Ah! ah! voici nos gens.

Entrent Rachel de Cerne, Korf, Bourgade.

Scène II

LES MÊMES, plus RACHEL, KORF, BOURGADE

KORF, *sans gêne.* — Bonsoir, lâcheuse!

ANTONINE. — Pourquoi, lâcheuse?

BOURGADE. — Il dit ça parce que vous allez lâcher sa pièce pour jouer la mienne.

KORF, *à Bourgade.* — Si tu crois que ça l'amuse.

ANTONINE, *à Korf.* — Mais, parfaitement... ça me transporte. D'abord, mon cher, Bourgade sera de l'Académie, et vous jamais.

BOURGADE. — Attrape!

KORF. — Oh! comme c'est malin. C'est à cause d'une impression physique... mais, parfaitement... j'ai peur quand je monte dans l'ascenseur, c'est nerveux... alors, allez donc faire des visites!... Tandis que Bourgade, lui, il monte les étages à quatre pattes.

BOURGADE. — Comme un lion!

ANTONINE. — Bravo!

BOURGADE, *à Korf.* — Bonne réplique, hein! Je te la donne pour ta prochaine pièce.

KORF. — Tu es bien gentil. A charge de revanche, et ne te gêne pas. Si tu trouves dans mes œuvres quelque chose qui te plaise, fais comme chez toi...

BOURGADE. — Je te remercie, j'ai mes fournisseurs. Et puis, nous n'avons pas les mêmes goûts.

RACHEL. — Ah! ça, par exemple, c'est bien vrai. C'est comme dans l'intimité! Pour des goûts différents, ils ont des goûts différents.

MARSEVAL. — C'est le Pôle Nord et le Pôle Sud...

RACHEL. — Vous pouvez me croire. J'en sais quelque chose.

MARSEVAL. — Les sports divers!

RACHEL. — Ah! là! là!... Je pourrais vous documenter...

BOURGADE. — Rachel, tu vas dire des bêtises.

MARSEVAL. — J'en ai peur!... Heureusement que je suis là.

ANTONINE. — Et que voilà Rivard qui entre...

Entre Rivard, jeune et chic.

Scène III

LES MÊMES, RIVARD

RIVARD. — Bonjour, bonjour, bonjour! Je ne suis pas en retard. Minuit sonne.

MARSEVAL. — Minuit!

KORF, *chantant.*

Minuit, Chrétiens!...

Il s'interrompt.

Qu'est-ce qu'il fait donc, Nabuchodonosor?

ANTONINE. — Nabuchodonosor?

KORF. — Votre amant! Je l'appelle toujours comme ça, à cause de ses voyages et de son air impérial...

BOURGADE. — Il n'a pas de barbe.

KORF. — Ça ne fait rien. Il a le regard assyrien. C'est un type extraordinaire. Un jour ou l'autre, il deviendra fou et il se prendra pour un bœuf.

RACHEL. — Dis donc, Antonine, c'est gai pour toi.

BOURGADE. — En attendant, où est-il?

ANTONINE. — Je commence à me le demander avec inquiétude. Il est peut-être reparti en voyage.

BOURGADE. — En Cochinchine.

ANTONINE. — Ou à Fontainebleau.

Entre Jean, le domestique.

Scène IV

LES MÊMES, JEAN

JEAN, *à Antonine.* — Madame, voilà monsieur. L'automobile vient de s'arrêter sous la voûte.

KORF. — Ah! enfin! C'est un truc, ça, d'arriver en retard.

RACHEL. — C'est pour préparer son entrée...

KORF. — Comédiante!

RACHEL. — C'est la fréquentation. Ce que c'est que d'avoir du génie.

BOURGADE. — C'est pour moi que vous dites ça, ou pour Korf?

RACHEL. — Ah! ah! vous ne voudriez pas! C'est pour Antonine! Maintenant qu'elle devient l'étoile-soleil, l'actrice nationale... son amant se croit obligé de faire comme elle...

RIVARD. — Il fait déjà des conférences.

KORF. — C'est le métier qui entre!...

RACHEL, à Antonine. — D'abord, c'est un symptôme. Il ne pouvait coucher qu'avec une grande artiste.

ANTONINE. — C'est pour cela qu'il m'aime...

RACHEL. — Tu serais une pauvre petite de rien du tout, il ne te connaîtrait pas...

KORF. — Il a la vedette dans le sang.

BOURGADE. — Préparons son entrée. Allez...

Au piano, il attaque la *Marseillaise*. Ils se sont groupés imitent les vivats. Laforêt entre par la porte de droite alors que tous l'attendaient par le fond.

Scène V

LES MÊMES, LAFORET

LAFORÊT. — Vous n'avez pas fini de faire des bêtises! (A Antonine.) Bonsoir, Antonine!

Tous se récrient.

TOUS. — Des bêtises! Oh! si on peut dire... des bêtises...

KORF. — Quoi, la *Marseillaise*! C'est tout un programme. Nous sommes des révolutionnaires!

LAFORÊT, placide. — Ça vous va bien.

KORF. — N'est-ce pas?

LAFORÊT, flegmatique. — Oui... vous avez tous des têtes de Convention.

KORF. — Ah! c'est un mot!

BOURGADE. — Je te le joue!

KORF, lançant un louis. — Pile!

BOURGADE, le ramassant. — C'est face. Tu as perdu.

ANTONINE, à Laforêt. — D'où viens-tu?

LAFORÊT, sans répondre. — Je suis en retard.

MARSEVAL. — On ne savait plus comment passer le temps; on disait des bêtises!

RACHEL. — Un peu plus, on allait en faire.

LAFORÊT. — C'est curieux pour des gens d'esprit...

KORF. — Mais non, mon cher, c'est toujours comme ça: l'esprit, nous en vendons. Il est commercial d'éviter d'en faire dépense.

BOURGADE. — Et puis, on n'est jamais drôle quand on attend quelqu'un, c'est connu.

RIVARD. — A moins d'en dire du mal.

LAFORÊT. — Eh bien, il fallait faire ça.

ANTONINE. — Ils n'y ont pas manqué. Ils ont dit que tu m'aimes seulement parce que je suis connue.

LAFORÊT. — Tiens, tiens!

ANTONINE. — C'est peut-être vrai!

LAFORÊT. — C'est sûrement vrai. C'est-à-dire que si tu étais seulement officier d'académie je t'adorerais.

KORF. — Il blague, mais au fond...

RACHEL. — D'abord, hein, Antonine, son passé répond pour lui.

ANTONINE. — Oh! ça... son passé... c'est le musée des femmes célèbres...

BOURGADE. — Il continue!

RACHEL. — A vingt ans, il était déjà l'amant d'une princesse!

KORF. — Une beauté ruineuse.

ANTONINE. — Et peut-être en ruines.

RACHEL. — A vingt-cinq...

LAFORÊT. — Vous n'avez pas bientôt fini...

ANTONINE. — Laisse-les donc dire, c'est très amusant.

LAFORÊT. — Tu trouves? Eh bien, allons-y... Des princesses en marquises, j'ai même couché avec une reine, de l'autre côté des tropiques. Elle était noire et délicate. Un beau matin je l'ai mangée. Là, vous êtes contents...

KORF. — Nous sommes ravis. Mais votre histoire, qu'est-ce qu'elle prouve? Que tout à l'heure nous avions raison.

LAFORÊT. — C'est ça, vous aviez raison.

KORF. — On n'aime jamais qu'une femme dans la vie...

LAFORÊT. — Ah! ah!

KORF. — Oui. Je veux dire le même genre de femmes. Vous, c'est le genre célébrités. Ainsi, tenez, j'avais un ami, à Christiania. Il avait épousé une Norvégienne...

LAFORÊT, énervé. — Oui, et alors? Il est devenu l'amant d'une péniche? Ce n'est pas ça!... Alors, ce n'est pas drôle... En attendant, je vais vous apprendre quelque chose, mes petits enfants: vous allez souper sans moi.

TOUT LE MONDE. — Hein? Quoi? Qu'est-ce qu'il dit...

ANTONINE. — C'est pour rire, n'est-ce pas?

LAFORÊT. — Non, non. J'ai un travail urgent, promis, un texte de conférence qui doit paraître à Londres après-demain. Je vais l'écrire tout de suite, dès que vous serez partis... Et même, sauvez-vous... il est déjà tard et vous n'aurez plus votre table.

RACHEL. — Eh bien, c'est gai!

BOURGADE. — C'était bien la peine de nous donner rendez-vous chez lui.

KORF. — Quel homme. Il sait peut-être vivre à Pékin... mais à Paris...!

ANTONINE. — Oui, vraiment... il faudra que je me décide à l'emmener en tournée.

LAFORÊT. — Allez, mes petits, allez vous amuser.

Et tous s'éloignent vers l'antichambre. Brouhaha.

Scène VI

ANTONINE, LAFORET

ANTONINE, demeurée en arrière. — Vraiment, tu vas nous plaquer?

LAFORÊT. — Est-ce que tu peux rester avec moi?

ANTONINE. — Non... j'ai mes deux auteurs... nous avons donné rendez-vous à des amis... Ce n'est pas possible... Mais je m'attendais bien à t'avoir cette nuit... voilà plus d'un mois que tu es à Londres...

LAFORÊT. — Tu es venue y donner trois représentations...

ANTONINE. — Tu me les reproches?

LAFORÊT. — Tu sais bien que je ne peux rien te reprocher.

ANTONINE. — Ce n'est pas une réponse... Sois plus franc. Hein? Entre nous, la grande flamme est éteinte... ce n'est plus qu'un petit feu de rien du tout...

LAFORÊT. — Un feu de cheminée!... Ce sera de circonstance: Noël! Mon amie chérie, vous dites des folies...

ANTONINE. — Aucune de tes réponses n'est sincère...

LAFORÊT. — Pourquoi? Parce que je suis obligé de rester ici... le devoir.

ANTONINE. — Oh! le devoir!

LAFORÊT. — Parfaitement.

ANTONINE. — Ce n'est pas l'heure de remplir son devoir.

LAFORÊT. — C'est toujours l'heure! Quelle conception singulière! L'horaire du devoir... avec arrêts facultatifs... Et puis, d'abord, il ne s'agit pas seulement de devoir... il s'agit...

ANTONINE. — D'une conférence.

LAFORÊT. — Voilà!

ANTONINE. — Enfin... Tu me fais un peu de peine, tu sais... Oh! je ne dis pas beaucoup, mais un peu... j'ai eu des amants que j'aimais moins, et qui pourtant me traitaient mieux... J'étais toujours la préférée... Ils ne m'opposaient pas, pour s'absenter de moi... des conférences, le devoir... tout le bateau, quoi, avec son gouvernail... Il est vrai qu'ils étaient de mon bord, ceux-là... tandis que toi...

LAFORÊT. — Tandis que moi?

ANTONINE. — ...Tiens, je ne sais pas si tu trouveras jamais une femme pour t'aimer... Oh! pas à ma façon... nous deux, n'est-ce pas, c'est la liaison chic, l'amour à la mode... rien d'excessif!... Non, je me demande si une créature de mon sexe, un jour, pourra s'affoler de toi, t'appartenir comme une esclave... Je ne crois pas... Tu la dominerais trop... tu es trop fort... trop sûr de toi... trop calme... trop puissamment intelligent, peut-être... Ça te paraît fou, ce que je dis là?

LAFORÊT. — Ça me paraît femme.

ANTONINE. — C'est une idée que j'ai...

Reviennent les autres. Bourgade apporte à Antonine son manteau.

Scène VII

LES MÊMES, KORF, BOURGADE, RIVARD, RACHEL

KORF, à Antonine. — Eh bien, est-ce une victoire? Avez-vous décidé le radjah?

LAFORÊT. — C'est moi, le radjah?

KORF. — Parfaitement! Le radjah! Nabuchodonosor! Le coureur des jungles! Le Soudan chez soi! Hercule! Tout ça, c'est vous!

ANTONINE. — En attendant, je suis battue à plate couture.

RACHEL, à Laforêt. — Eh bien, vous êtes chic! Si c'était moi, votre maîtresse!... La laisser toute seule!...

BOURGADE. — Et nous?

RACHEL. — Ah! mais, vous... puisque vous êtes pour moi...

Elle sort avec Bourgade et Rivard.

KORF, à Laforêt, montrant Antonine. — Vous avez tort de nous la confier... Nous allons vous la rendre grise...

ANTONINE, sortant la dernière. — C'est ça... je m'en vais noyer mon chagrin...

Dernière agitation dans l'antichambre. Laforêt reste seul. Les autres sont partis.

Scène VIII

LAFORÊT, seul.

S'étant assuré que les importuns sont loin, il va à la porte de droite, celle par laquelle il était entré ; il l'ouvre et sort une seconde ; puis il revient avec Blanche Câline.

Scène IX

LAFORÊT, BLANCHE CALINE

LAFORÊT. — Par ici, mon petit. Vous voilà chez moi, cette fois, tout à fait chez moi... dans mon cabinet de travail...

CALINE. — Mais, tout ce bruit que j'entendais?

LAFORÊT. — Rien...

CALINE. — Des amis?

LAFORÊT. — Non, des connaissances... Mettons des sauvages que je n'aurais pas rapportés d'Afrique... Des femmes avec des plumes... des hommes avec des crânes pointus... Des sauvages... Sans importance!... Qu'est-ce que vous regardez comme ça autour de vous? Vous êtes dépaysée... Ah! dame... c'est mon cafarnaüm.

CALINE. — Je suis lasse surtout, très lasse...

LAFORÊT. — Asseyez-vous là, dans ce fauteuil... mettez vos petits pieds sur ce lion. Et puis, reposez-vous. Si vous voulez ne pas parler, ne dites rien... Regardez tout autour de vous, lentement, pour vous habituer. Moi, je vous regarde... Tout ça, maintenant, c'est votre domaine, votre empire... Nous verrons tout à l'heure les autres départements.

CALINE. — J'ai mal dans ma tête... Je sais à peine ce qui s'est passé... J'ai eu comme un vertige et je suis tombée...

LAFORÊT. — Vous n'êtes pas tombée... vous seriez tombée... vous êtes restée inerte dans mon bras...

CALINE. — Je ne me rappelle pas avoir descendu les escaliers...

LAFORÊT. — Je vous ai portée, mise dans ma voiture comme une poupée... vous avez rouvert les yeux... et vous avez dit : Laforêt.

CALINE. — Et Adrien.

Laforêt fait quelques pas.

LAFORÊT. — Mon petit, voyez-vous, il ne faut plus parler d'Adrien... C'est le passé... Le passé coupé net, brûlé...

Blanche Câline le regarde, regarde tout autour d'elle. Elle répète gravement, comme à elle-même.

CALINE. — Adrien...

LAFORÊT. — Il y a des minutes comme ça, dans la vie... des minutes... opérat[illegible]es, vous comprenez, Câline... opératoires... qui préviennent des grandes maladies! J'ai été le chirurgien, Câline, vraiment le chirurgien! Maintenant, c'est fait.

CALINE. — Peut-être, oui... mais, je suis bien faible.

LAFORÊT. — Ici, vous respirerez le bon air, mon petit...

CALINE, avec tristesse. — Il faudra que je m'acclimate...

LAFORÊT, la regardant. — Câline, ne soyez pas trop triste, cela me ferait du chagrin.

CALINE. — Il me semble que ce n'est pas moi qui suis là, avec vous. Je ne me reconnais pas...

LAFORÊT. — Câline, ce n'est pas la première fois pourtant... Et Fontainebleau?

CALINE. — Fontainebleau, oui, je sais bien... mais ce n'est plus la même chose... Je n'avais pas cette sensation d'être vraiment seule avec vous...

LAFORÊT. — Il y avait le facteur...

CALINE. — Mon ami, vous êtes bon pour moi... J'ai l'air d'être ingrate... Je vous assure, je ne le suis pas...

LAFORÊT. — Mais non, mais non, vous n'avez pas

l'air d'être ingrate... Vous avez l'air de souffrir, c'est différent... Et, d'ailleurs, il ne s'agit pas de gratitude. Je ne me pose pas en bienfaiteur... J'ai accompli une action, voilà tout... D'ailleurs, nous reparlerons de tout ça... nous avons le temps... demain... Les jours d'après... nous déciderons nos attitudes... ce soir, vous êtes fatiguée... Dormir, voilà ce qu'il vous faudrait... dormir, mon petit... Mais où... ici, c'est un appartement de garçon... je ne m'attendais pas... je vous ai emportée à l'improviste... il n'y a que ma chambre à moi, et encore elle est si grande... vous auriez peur toute seule...

CALINE. — Je n'ai pas envie de dormir; je ne pourrais pas dormir.

LAFORÊT. — Alors?

CALINE. — Alors, restez près de moi, parlez-moi, expliquez-moi... Qu'est-ce qui va m'arriver, maintenant?

LAFORÊT. — Eh bien... voilà...

Au fond, parait Antonine.

Scène X

LAFORET, CALINE, ANTONINE

ANTONINE. — Je vous dérange?... Excusez-moi... j'ai oublié mon éventail... Oui, je sais... moyen de théâtre... Mais je suis du bâtiment... j'ai fait arrêter l'auto... et comme j'ai votre clef... Mais, au fait, présentez-moi donc mademoiselle... Votre secrétaire, sans doute?... Ça va bien, votre conférence?...

LAFORÊT. — Voilà votre éventail, ma chère amie.

ANTONINE. — Merci. J'ai bien envie de ne pas retourner avec ces gens... Je vais m'ennuyer à ce souper... Présentez-moi donc mademoiselle...

LAFORÊT, *à Câline.* — Câline, je vous présente mademoiselle Antonine Bargès, une grande artiste, et beaucoup d'esprit...

CALINE, *très timide.* — Madame...

ANTONINE. — Mes compliments, mademoiselle... Inutile, vous, de vous présenter à moi... Vous êtes de Fontainebleau, n'est-ce pas?... Et vous vous appelez Neurasthénie... Je vous connais... Tout à l'heure encore, figurez-vous, je parlais d'elle avec votre ami Marseval... Neurasthénie, quel nom charmant... C'est délicat et ça se soigne... Il faut prendre du fer... Aussi, n'est-ce pas, voici votre clef, pour vous servir, mademoiselle... Elle est assez jolie... Pas beaucoup l'habitude du monde, mais ça viendra... Il y a l'étoffe... Par exemple, elle n'a pas l'air gai... Un deuil de famille, peut-être...

LAFORÊT. — Antonine, vous aviez mieux commencé... Au revoir, Antonine...

ANTONINE. — Vous voulez dire adieu... C'est curieux, vous ne trouvez plus vos mots, et vos amies deviennent toutes jeunes: vous vieillissez... Allons, je me sauve, tout ça ne vaut pas la peine de perdre une bouteille de Pommery... Vous partez toujours en voyage?

LAFORÊT. — Je suis parti.

ANTONINE. — Bravo!... Vous irez bien tous les deux jusqu'à Asnières et Robinson. Et mes compliments, mademoiselle; vraiment, vous verrez... c'est un amant qui a eu son charme... et des succès, oh! des succès... il n'a pas toujours été si modeste...

Elle sort.

Scène XI

LAFORET, CALINE

CALINE. — Je suis désolée d'avoir été cause...

LAFORÊT, *souriant.* — Chut!... Croyez-moi, Câline, c'est flatteur... Inutiles, cette entrée et cette sortie, inutiles... mais flatteur... alors...

CALINE. — Peut-être qu'elle ne reviendra pas...

LAFORÊT. — Voici sa clef...

CALINE. — Vous n'avez pas l'air triste... Elle est pourtant bien jolie...

LAFORÊT, *avec une pointe d'ironie.* — Et chic!... Chic!... Vous verriez, Câline, si vous étiez chic comme ça...

CALINE. — Je n'ai jamais vu un si beau manteau... Elle m'a regardée... Elle s'est moquée de moi parce que je suis pauvre... j'ai bien compris...

LAFORÊT. — Elle ne s'est pas moquée de vous, ni de moi, malgré les apparences... elle s'est moquée d'elle... et elle s'est dit obscurément que son manteau, son beau manteau, n'était rien qu'un pauvre manteau à côté de votre petite robe...

CALINE. — Elle a eu tort de se dire ça...

LAFORÊT. — Je suis meilleur juge que vous!... Qu'est-ce qu'il y a... Jean?

JEAN, *qui vient d'entrer.* — Monsieur a encore besoin de moi?

LAFORÊT. — Oui... Attendez... Vous allez, dans ma chambre, préparer le lit pour mademoiselle... *(A Câline.)* Frileuse?... Oui?... Assez frileuse? *(A Jean.)* Frileuse, Jean, vous avez compris... Et puis, vous mettrez ici, pour moi, mes couvertures de route... là, sur le divan... Ah! et puis... *(A Câline.)* Dites donc, Câline, tout de même, il est tard, j'ai un peu faim, moi... Non? Si, si, vous verrez, l'appétit viendra... *(A Jean.)* Jean, un en-cas et du champagne... *(A Câline.)* Ça, ça l'énerverait trop, peut-être. Mais non, ce soir, il vaut mieux ça... *(A Jean.)* Du champagne... *(Sortie de Jean. Laforêt à Câline)* Voilà, mon petit, nous allons souper tous les deux... du bout des dents... et puis nous bavarderons... Nous ferons nos projets...

CALINE. — Quel jour partez-vous en voyage?...

LAFORÊT. — Quel jour je pars en voyage?... Mais, je ne sais pas...! Je ne suis même plus sûr que je partirai...

CALINE. — Vous pourriez rester?

LAFORÊT. — Certainement... J'avais cru devoir accepter une espèce de mission en Egypte... parce que... enfin, n'est-ce pas, j'avais des raisons intimes pour m'éloigner... mais, maintenant, ce n'est plus du tout la même chose... Vous préférez que je m'en aille?

CALINE. — Oh!

LAFORÊT. — Eh bien, alors!

CALINE. — Vous restez?

LAFORÊT. — Oui, je reste. A moins que vous ne veniez avec moi... Nous allons voir ça... *(Jean est entré, a mis l'en-cas sur une table.)* Qu'est-ce que vous avez...

CALINE. — J'ai un frisson, un malaise... tout d'un coup... je ne sais pas quoi...

LAFORÊT. — Eh bien! Eh bien! Tenez, buvez ça... Il n'est pas trop sec... C'est du meilleur pour les petites filles... Là... Ça va mieux?... Oui? Bravo... Ah! mais, c'est qu'elle est nerveuse!

CALINE. — Je vous demande pardon...

LAFORÊT. — Pourquoi pardon?

CALINE. — Je vous donne tant de mal...

LAFORÊT. — C'est mon rôle qui continue... Je me fais l'effet d'un soldat de marine que j'ai vu un jour au Soudan... il avait dans ses bras une petite négresse... pas plus haute que ça... une gosse... et il lui faisait boire du lait avec son bidon d'ordonnance... Voilà à quoi nous ressemblons... le lait. (Il montre le champagne.) Le marsouin... (Il se montre.) Et vous la petite négresse...

CALINE. — Il ne manque plus que le Soudan!

LAFORÊT. — Il ne manque plus que le Soudan... (Sonnerie au téléphone.) Allô... oui... oui, monsieur Laforêt lui-même... Eh bien?... Ah! C'est vous!... Impossible... Non... non!... Vous n'avez rien à lui dire et elle n'a plus rien à entendre de vous!... Vous dites des bêtises... (Avec colère.) Comment?... (Avec calme.) Plus tard... Je ne sais pas... nous verrons... (Avec impatience.) Je ne peux rien vous répondre de plus... Bonsoir...

Il raccroche l'appareil.

CALINE, très pâle. — ... C'est Adrien?...

LAFORÊT. — Oui!

CALINE. — ... Il voulait que je retourne là-bas?

LAFORÊT. — Oui.

CALINE, la voix serrée. — Il avait du chagrin?

LAFORÊT. — Oui...

CALINE. — ... Qu'est-ce qu'il faut que je fasse?... (Laforêt la regarde.) Je ne peux pas le laisser...

LAFORÊT, exprès. — Pourquoi?

CALINE. — Il m'aime... Il pleure... Et...

LAFORÊT. — ... Et vous avez envie de pleurer... Je vois ça, oui... Eh bien?

CALINE. — Je ne comprends pas ce que vous voulez dire...

LAFORÊT. — Je vous dis... « Je vois ça, oui... Eh bien?... » Eh bien, pleurez!... Si vous avez le cœur trop gros, il faut pleurer... Mais ce qu'il ne faut pas faire, c'est retourner là-bas... Voilà ce qu'il ne faut pas faire! Pour le reste, vous avez le droit d'avoir de la peine... Je comprends très bien... Pleurez, mon petit!... Mais, croyez-moi... ne vous en allez pas!... Restez ici.

CALINE. — Ce que vous dites m'émeut si fort... Il me semble que votre voix c'est ma conscience...

LAFORÊT. — C'est la mienne! (On entend à nouveau la sonnerie du téléphone, un appel court... Laforêt ne bouge pas; Câline a un tressaillement, mais s'oblige à rester en place; elle baisse la tête et pleure...) Quel âge avez-vous, Câline?

CALINE. — Vingt-deux ans...

LAFORÊT. — Vous verrez, Câline, comme l'avenir est beau, quand on veut. Vous verrez comme tout s'efface, comme les chagrins vont vite... Un jour, vous parlerez de cette soirée où vous êtes avec un calme effrayant... Et c'est tant mieux: la vie sans ça ne serait pas possible...

CALINE, se redressant, séchant ses yeux. — Pensez donc: voilà trois ans que nous étions ensemble... Et, maintenant, pour couper ça...

LAFORÊT. — Coupez! Dans trois ans, avant trois ans, on ne verra plus la cicatrice...

CALINE. — Si ce que vous dites est vrai, la vie est épouvantable!

LAFORÊT. — Mais non, mais non... La vie est bonne... (Troisième appel du téléphone, cette fois plus prolongé: Blanche Câline tremble et ne bouge pas. Laforêt va à l'appareil et décroche le récepteur. Silence... Laforêt, revenu vers Blanche Câline.) La vie est bonne! Elle m'a toujours donné ce que j'ai voulu d'elle... Tenez, Câline, en ce moment, vous ne savez pas ce qu'elle fait pour vous, la vie... Depuis deux heures, c'est elle qui me fait agir, et c'est elle qui m'a fait vous rencontrer... Vous voulez que je vienne là?...

CALINE. — Mais oui...

LAFORÊT. — Donnez-moi un peu cette main... Vous voyez qu'elle se réchauffe... Tout à l'heure, elle était glacée...

CALINE. — C'est le champagne!

LAFORÊT. — Ce sont les minutes qui passent!... Faites de ces minutes des heures, et puis des jours, et puis des mois... Vous comprendrez l'oubli... Les mains froides se sont réchauffées!... Allons, bon, voilà qu'elles se regèlent.

CALINE. — C'est une rechute...

LAFORÊT. — Et moi qui vous ai connue si bien, si gaie!... Voyez, tout de même, Câline, où vous alliez!... Je parle net, mon petiot... je n'ai jamais eu si peur de ma vie que ce soir, quand j'ai entendu... Heureusement que je suis remonté... Tenez, je crois que je claquerais des dents, quand je pense que je m'en allais fâché, comme un bourgeois bête, et que j'aurais pu ne pas revenir... C'est monstrueux, ce qui serait arrivé...

CALINE. — Oui, c'est vrai, oui, vous avez raison!

LAFORÊT. — Hein, Câline!... Ce n'était pas possible! Je m'en allais... J'ai senti tout d'un coup que je ne pouvais pas... Il y avait, certainement, mon désir de vous revoir, l'impossibilité maintenant de me passer de vous... mais encore autre chose, vraiment, soudain, autre chose... l'instinct... un appel mystérieux!...

CALINE. — Oui, c'est vrai, je me rappelle, c'est vrai: j'ai pensé à vous comme on crie: au secours!... pendant une seconde, tout mon être a désiré votre présence; oh! si fort! Mais ça a été si rapide, ça ne s'est pas vu...

LAFORÊT, bouffonnant. — Si ça ne s'est pas vu... (Puis, avec une expansion presque involontaire.) Ah! petite fille, va, petite fille, si vous saviez comme il vous veut heureuse, ce grand bonhomme qui est devant vous!

CALINE, avec un élan. — Oh! oui! je le crois, j'en suis sûre! Oui.

LAFORÊT. — Là! C'est comme ça que je vous veux, avec une clarté dans le regard... Allons! Allons! ne l'éteignez pas!... Et donnez vos pattes... (Ils sont debout tous les deux; il tend ses deux bras, elle, les siens; leurs mains se serrent.) Tout ce que j'ai fait est bien fait, Câline... tout... et même ça que j'ai fait tout à l'heure... cet appareil que j'ai décroché... plus de allô! allô! malsains! Plus de sonneries!... Une vie belle, contente, tranquille... avec votre ami, votre Laforêt des grands jours!

CALINE, gagnée par cette voix, cette maîtrise. — Oui... oui... c'est la vérité que vous me dites... c'est ce qu'il faut...

LAFORÊT. — Tu parles! que c'est ce qu'il faut! Ah! là! là! Cette petite, tout de même, si on ne s'en était pas mêlé! (Il finit ceci en l'attirant, en l'embrassant sur le front avec sa belle force tranquille; elle le regarde, toute remuée, ne sachant plus bien...) Et maintenant, mon petit, avant d'aller faire dodo, dans le grand lit du monsieur, qui lui va coucher là... (Il montre son divan.) n'oublions pas que Jean nous a préparé... Voyons qu'est-ce qu'il nous a préparé... Un pâté, de la salade, des œufs glacés. Mademoiselle est servie! A table! (Il se frotte les mains. Ils s'assoient. Jean revient et s'apprête à servir. Laforêt, à Jean.) Ah! ah! Jean! Ce n'est pas moi, maintenant, qu'il faudra bien servir, c'est mademoiselle... (*A Câline.*) La petite reine! Moi, je deviens le chambellan... Jean est ravi...

JEAN. — Pour sûr, monsieur, que je suis ravi... Ça me rappelle le service que je faisais avant d'être chez monsieur...

LAFORÊT. — Ah! ah!... Quel service?...

JEAN. — Sauf le respect que je dois à mademoiselle, monsieur: les cabinets particuliers...

LAFORÊT. — Eh bien, Jean! Eh bien!

JEAN. — Seulement, monsieur, ce n'est pas pareil... et puis, c'était moins bien meublé...

CALINE, *à Jean qui lui sert du champagne.* — Oh! non! plus de champagne! Non...

LAFORÊT. — Oui, oui... plus de champagne... Ça l'empêcherait de dormir...

JEAN. — Alors, monsieur, je vais préparer du tilleul...

LAFORÊT. — C'est ça, du tilleul... (*Jean s'éloigne.*) Du calme, voyez-vous, mon petit, du calme, voilà ce qu'il vous faut d'abord...

On entend un grand coup de sonnette à la porte de l'appartement... Jean, des yeux, interroge son maître.)

JEAN. — Je ne sais pas qui ça peut être, à cette heure-ci.

Laforêt et Câline se regardent. On sonne à nouveau.

CALINE, *à Laforêt.* — Moi, je sais qui c'est...

Elle est toute pâle.

LAFORÊT. — Allez, Jean, et je n'y suis pour personne, vous entendez : personne. Si l'on insiste, eh bien... mais l'on n'insistera pas... Allez...

Sortie du valet de chambre. Malgré eux, ils tendent l'oreille, ne disent plus rien: leurs attitudes indiquent ce qu'ils ressentent: le cœur de Câline s'est remis à battre très fort: Laforêt attend. Là-bas, dans l'antichambre, Jean a ouvert la porte. On entend sa voix, et celle aussi d'une autre personne... Le timbre des voix s'élève, se rapproche... On perçoit.

VOIX DE JEAN. — Monsieur, je vous dis que c'est inutile. Monsieur ne recevra pas...

L'AUTRE VOIX, *que Câline et Laforêt reconnaissent de suite.* — Moi, je vous dis que je ne m'en irai pas.

VOIX DE JEAN. — Mais, enfin, monsieur...

Laforêt. Jean. Câline.

SCÈNE XI. — Jean : « *Monsieur, je vais préparer du tilleul...* »

L'AUTRE VOIX, *s'élevant, émue.* — Câline... c'est moi! Réponds-moi, Câline!

Câline brusquement se lève. Laforêt lui saisit la main.

LAFORÊT. — Eh bien, Câline, qu'est-ce que vous faites... (*Elle a comme un geste suppliant. Laforêt, alors, avec une fermeté douce, mais complète, lui fait faire quelques pas vers la porte de droite, qu'il ouvre, puis referme après que Câline, malgré le combat qui se livre en elle, et comme captive de la volonté de cet homme, a pénétré dans la chambre voisine... Dans l'antichambre, pendant cette sortie d'ailleurs très courte, le bruit de voix s'est accentué. Laforêt appelle, la voix brève.*) Jean?... Eh bien...

JEAN, *venu au fond, très craintif.* — Mais, monsieur, il ne veut pas partir...

LAFORÊT, *même jeu.* — Qu'il entre... (*Mais déjà Adrien est dans la pièce. Le domestique se retire.*)

Scène XII

LAFORET, ADRIEN

Adrien a son chapeau sur la tête ; il le retire en entrant, puis reste là, comme ne sachant pas ce qu'il va dire... Une, deux, trois secondes se passent...

LAFORÊT, *aussi calme que possible, mais nettement hostile.* — ... C'est tout ?

ADRIEN. — Mais...

LAFORÊT. — Vous avez quelque chose à me dire. Eh bien, parlez! Sinon, qu'est-ce que vous faites ici ?

ADRIEN, *comme avec un effort et d'un air soudain presque trop menaçant.* — Où est Câline ?

LAFORÊT. — Elle est là.

Il montre sa chambre.

ADRIEN, *même jeu.* — ... Il faut me la rendre.

LAFORÊT. — Non.

ADRIEN. — ... Je vous dis que vous allez me la rendre...

LAFORÊT. — Tiens, tiens... Ecoutez, mon ami, vous me prouvez que vous êtes incapable de réfléchir... Est-ce que vous pensez que je suis votre camarade et que je vous ai fait une niche?... Une bonne petite blague pour passer le temps?... Vous êtes fou... Je pense d'ailleurs que c'est votre excuse, la seule...: l'incapacité absolue de jugement! Le bien! Le mal! Tout ça n'existe pas. Peut-être, après tout! Mais ça nous entraînerait trop loin... Et puis, il faudrait être un philosophe, et vous n'êtes qu'un... un enfant malsain... un mauvais microbe dangereux! Vous m'avez compris?

ADRIEN. — Oui, oui... je sais que vous savez faire des phrases! Mais tout ça, ça ne veut rien dire... Vous essayez de m'enlever Câline parce que vous l'aimez.

LAFORÊT. — Vous avez raison, je l'aime, et c'est pour ça que je ne veux pas la laisser dans vos pattes... et encore: pattes! Je suis poli! Ce n'est pas des pattes que vous avez...

ADRIEN. — Vous vous conduisez comme un cochon!

LAFORÊT. — Non. Comme un homme. Vous ne savez peut-être pas ce que c'est: un homme! vous qui prétendez avoir une femme...

ADRIEN. — J'en ai eu avant de vous connaître.

LAFORÊT. — ... Oui, mais, voilà... vous m'avez connu. (*Plus nerveusement.*) Et c'est heureux pour elle, n'est-ce pas? Hein! Avouez-le... Sans moi, demain, vous en faisiez quelque chose de propre!

ADRIEN. — Ce n'est pas vrai! Pourquoi dites-vous ça? Ce n'est pas vrai!

LAFORÊT. — Vous ne savez pas ce qui est vrai, ou non... Vous ne savez rien... Et puis, en voilà assez, n'est-ce pas... Vous êtes destiné aux dégringolades... dégringolez! Ça vous est permis, mais seul... D'ailleurs, je suis tranquille... Vous pouvez vous perdre, vous vous retrouverez... pas trop longtemps sur ma route, cependant, c'est un conseil que je vous donne... Et, maintenant, au revoir. Vous êtes fixé. Câline est là, décidée à ne plus vous revoir jamais. Nous sommes entièrement d'accord, elle et moi. Et n'accusez personne que vous...

ADRIEN. — Monsieur Laforêt, monsieur Laforêt, je vous en prie! Je vous en supplie! Ne me prenez pas ma femme! Ne me la prenez pas... Nous nous aimons tous les deux... Ah! Ah! ne me la prenez pas! (*Il a des sanglots.*) Qu'est-ce que vous voulez que je fasse? Voulez-vous que je me jette à genoux?... (*Il crie.*) Câline! Câline!

LAFORÊT, *brutalement.* — Ne criez pas comme ça! (*Puis, avec plus de douceur, sans aucune colère, avec même une espèce de pitié.*) Ne pleurez pas comme un enfant, non plus... Vous avez des nerfs de femme... Vous rentrez d'abord ici en mousquetaire, et puis vous pleurez! Qu'est-ce que c'est que ça? Tenez, mon pauvre ami — et je dis: ami, vous voyez... — je rends dans ce moment-ci un aussi grand service à vous qu'à elle! Je n'ai aucune haine contre vous, croyez-le bien... Si je vous sentais capable de la rendre heureuse... si je sentais même qu'en vous y aidant vous pourriez y arriver un jour... Je suis, hélas! fixé, trop bien fixé... Aujourd'hui, la misère!... On vous en sortirait, et ce serait demain autre chose! je ne sais quoi! Avec vous, on peut tout prévoir. Vous n'êtes pas méchant, vous êtes pire... vous êtes léger, léger... une coquille de noix... Que voulez-vous, tant pis...

ADRIEN. — Tout le monde ne peut pas être un steamer...

LAFORÊT. — Moi, je préfère les steamers... Et puis, assez de bateaux, hein... Je n'ai pas voulu vous mettre à la porte... Je ne suis pas un homme méchant... Je vous aiderai même dans la vie, si vous en avez besoin... Mais vous ne reverrez pas Câline.

ADRIEN. — Ce que vous faites là, vous le paierez un jour!... Vous m'offrez de m'aider et vous voulez garder la petite... Dites tout de suite que vous me l'achetez...

LAFORÊT. — Mais, dites donc, on pourrait s'entendre.

ADRIEN. — C'est parce que je suis faible! Vous abusez de votre force!

LAFORÊT. — Je n'en abuse pas. J'en use. Vous confondez les termes!

ADRIEN. — C'est ignoble, la force!

LAFORÊT, *avec une conviction profonde.* — La force a des droits, mon ami. C'est trop facile de parler toujours des droits de la faiblesse. Il ne fait rien, cet homme! il reste couché toute la journée : que voulez-vous, il est si faible! Il met sa femme dans la misère: que voulez-vous, il est si faible! Il vole: que voulez-vous, il est si faible! Et parce qu'il est faible, il a tous les droits, n'est-ce pas? Et les forts sont à son service? Métier de dupes, mon ami! Les faibles n'ont qu'un droit: être protégés par les forts, quand ils le méritent, et quand ils veulent sortir de leur faiblesse. Mais quand ils sont incurables, quand ils font de leur infériorité un continuel chantage, alors, les autres doivent intervenir selon leurs droits : les droits de la force et de la santé. Voilà... Voilà pourquoi votre conscience est muette, la mienne tranquille, et pourquoi je garde Câline.

ADRIEN. — Vous n'avez pas le droit...

LAFORÊT. — Elle pourra toujours s'en aller quand elle le voudra, mais plus tard, quand la crise sera passée et qu'elle sera guérie de vous...

ADRIEN. — Câline! Câline...

Entre ou plutôt se précipite Câline. Laforêt la retient au passage.

CALINE. — Laissez-moi...

LAFORÊT. — Non! (*A Adrien.*) Vous êtes le pire ennemi de cette enfant! A partir de cette minute, je vous déclare dangereux deux fois... N'approchez pas... Je vous jette dehors de cette main libre.

CALINE. — Ecoutez, c'est très mal, ce qu'il a fait, oui, c'est très mal... mais, enfin, n'est-ce pas, c'était pour moi, parce qu'il m'aimait...

ADRIEN. — Si elle reste ici, qu'elle prenne garde, et vous aussi : je me tue.

LAFORÊT, ouvre un tiroir. — Voici un revolver, mon ami. (Il le pose sur la table, devant Adrien.) Eh bien, qu'est-ce que vous attendez ? Vous pouvez même vous en servir contre moi. (Adrien prend le revolver nerveusement.) Je suis le plus fort. Vous êtes armé. Chances égales. Je n'abuse donc plus de ma force, comme vous dites...

CALINE. — Adrien !

LAFORÊT, à Câline. — Laissez-le !

Cependant, il ne perd pas Adrien des yeux.

CALINE. — Adrien, Adrien, je t'en prie... Adrien !

ADRIEN. — Tout dépend de toi, Câline. Si tu ne viens pas... (Mais il s'agite trop ; nerveusement, il presse la gâchette ; le coup part, allant se perdre dans le mur.) Ah ! mon Dieu ! (Il fait un bond de terreur et pose le revolver sur la table. Il tremble et blêmit. Il balbutie.) Oh ! ce n'est pas de ma faute... Le coup est parti... je ne l'ai pas fait exprès, je vous le jure... je ne l'ai pas fait exprès... Je vous demande pardon.

Il est effondré. Jean, le domestique, entre en courant, attiré par la détonation.

LAFORÊT, haussant les épaules. — Jean... reconduisez ce monsieur. (Mais Adrien sort de lui-même, la tête basse, complètement affolé. Câline reste immobile, comme une pierre.) Eh bien, Câline, est-ce que c'est un homme, ça ?

CALINE. — Oui, vous avez raison ! vous avez raison !

Mais, brusquement, elle a des sanglots.

LAFORÊT, la regardant avec douceur. — Videz votre cœur d'un seul coup, mon petit... Et vous verrez après, quand on sait s'y prendre, comme l'avenir est beau, comme la vie est simple, et comme les chagrins vont vite !

RIDEAU

Adrien. Laforêt. Câline.

Adrien : « *Câline... Si tu ne viens pas... Ah ! mon Dieu !* »

REVUE DE LA CRITIQUE

Blanche Câline au théâtre Michel.

BLANCHE CÂLINE avait été reçue par M. Alphonse Franck pour être représentée au Gymnase après la *Femme seule* de M. Brieux. Mais la mise en répétitions d'une pièce dépend de bien des circonstances, et de considérations souvent étrangères à l'œuvre même : le directeur du Gymnase ne put jouer ces trois actes dans les délais convenus. L'auteur réclama son dédit, l'obtint et reprit son manuscrit. Presque aussitôt du reste M. Pierre Frondaie reçut au sujet de cet ouvrage les propositions de deux directeurs qui lui offraient chacun sa scène, l'une très vaste et l'autre petite : il choisit cette dernière, car il a une prédilection pour les cadres restreints qui enveloppent l'action d'une intimité favorable. Il avait, sur ces entrefaites, changé le titre de sa pièce, devenue : les *Deux Amants*. Mais il ne tarda pas à revenir à *Blanche Câline*.

***

Le matin de la répétition générale, M. Régis Gignoux, dans une de ses « avant-premières » du *Figaro*, fit de l'auteur, au moral et au physique, ce vivant portrait et indiqua, du même coup, la genèse de la pièce :

« M. Pierre Frondaie est un de nos meilleurs professeurs d'énergie, et, si tous nos professeurs d'énergie pratiquaient comme lui leur méthode, nous serions le peuple le plus énergique de la terre. Mais, à l'ordinaire, nos professeurs sont des hommes immobiles : ils ont des cheveux blancs, un peu de ventre, ils sont assis devant leur cheminée et entourés de mille bibelots précieux ; ils ne font que des gestes prudents...

» M. Pierre Frondaie est un de nos meilleurs professeurs d'énergie parce qu'il n'attend pas ses élèves dans son appartement, mais sort dans la rue, s'entraine publiquement sur les grands boulevards, fait chaque jour une démonstration pratique de son système. Un homme jeune, vigoureux, qui a tant de confiance dans sa jeunesse, donne confiance sans avoir besoin de théories. Même si on hésite à le suivre, on le regarde passer avec une curiosité où il y a autant d'admiration que d'envie.

» Et soudain, il s'arrête. Il ne veut pas s'imposer par ses muscles ; il veut être mieux connu. Il nous confie sa jeunesse. Il avoue qu'il est un tendre, s'il n'est pas un timide. Il aime pleurer, lui aussi...

» Voilà son secret. Il avait eu la fierté de le cacher égoïstement à ses débuts. Il était parti dans les lettres en conquérant. — De l'audace, de l'audace, encore de l'audace ! Il criait sa confiance, son enthousiasme. Il publiait les *Pierres de lune*, les *Fatidiques*. Inconnu, il portait une pièce en vers à Mme Sarah Bernhardt et des pièces en prose à tous les directeurs du boulevard. Et, soudain, il domptait la fortune. Il décidait M. Pierre Louys à lui confier *la Femme et le Pantin*. Puis, il arrivait au Vaudeville, faisait jouer *Montmartre*. Cet hiver, il revenait au théâtre Antoine, et cent cinquante représentations n'ont pas épuisé le succès de l'*Homme qui assassina*. L'hiver prochain, il est assuré de faire représenter *Aphrodite*, une adaptation du roman de M. Pierre Louys, et il nous convie à la répétition générale de *Blanche Câline*.

» C'est que le poète ne veut pas céder à l'homme de théâtre qui sait merveilleusement transposer un roman, lui donner du mouvement, de la couleur, du relief, le revoir, le récrire, le recréer. Le poète veut que l'auteur dramatique ne travaille que pour lui, s'associe en toute sincérité, l'aide à se faire connaitre à son tour. Il a cette ambition : être libre et sincère au théâtre, composer largement des fresques sentimentales, d'après des croquis, des études, comme des poèmes, raconter des histoires vraies, tout simplement, tout tendrement, idylles et drames d'un petit bonhomme et d'une petite bonne femme, parler d'amour, vivre d'amour, mourir d'amour. Et tout cela sans romance, sans emphase, entre le réalisme et le lyrisme, en *impression directe*, en sincérité. »

***

Blanche Câline était donc attendue et fut entendue avec beaucoup de curiosité.

Les critiques, même ceux que la hardiesse imprévue de certaines situations ont quelque peu offusqués, rendent hommage à l'honnête franchise en même temps qu'à l'adresse délicate de l'auteur.

Le *Temps*, le *Figaro*, le *Gil Blas*, l'*Intransigeant*, le *Petit Parisien*, *Excelsior*, *Comœdia*, donnent à peu près la note suivante qui résume bien, au surplus, l'impression générale : *Blanche Câline* est l'œuvre d'un auteur en qui l'homme de théâtre, maintes fois affirmé par ailleurs, s'est volontairement effacé devant l'artiste ; il y a là des scènes d'une fraîcheur exquise, de la vivacité dans le dialogue, des mots d'esprit, une impression de profondeur psychologique... Ce qu'auraient voulu quelques-uns d'entre ces critiques, c'est que le caractère du personnage principal, le caractère de Blanche Câline, fût plus nettement délimité, plus fermement tracé, dégagé de la grisaille vaporeuse dont il reste enveloppé. A quoi l'auteur pourrait sans doute répondre que les caractères des deux autres personnages importants, les caractères des deux amants en perdraient du coup une partie de leur valeur propre ; il eût fallu les mettre à un plan différent. Et c'était alors toute une autre pièce...

Les scènes mêmes auxquelles on prêta un trouble équivoque sont traitées avec une simple et claire franchise dans leur complexe humanité. Et le troisième acte s'achève sur une conclusion morale et consolante, qui a cet avantage d'être vraiment une conclusion et de laisser pourtant libre cours aux facultés d'invention des spectateurs et des lecteurs qui peuvent, chacun suivant son gré, poursuivre imaginairement l'aventure des trois héros. Que devient Adrien auquel a renoncé Câline et que Laforêt a vigoureusement écarté de sa voie ; que deviennent surtout Câline et Laforêt ensemble ? On peut épiloguer. N'a-t-on pas raconté que l'auteur avait écrit un quatrième acte et qu'il avait, peut-être non sans raison, renoncé à le faire jouer et à le publier, précisément pour offrir à nos songeries le soin de continuer cette œuvre suivant nos préférences psychologiques ?

***

L'interprétation de *Blanche Câline* a été fort remarquable dans l'ensemble. Mais il faut signaler tout spécialement la « création » — puisque c'est le mot consacré, et qu'il peut être appliqué ici avec une particulière vérité — la création du rôle de Câline par la femme même de l'auteur qui, sur l'affiche, figure sous le nom de Michelle. Mme Michelle est comme une sorte de miracle de l'art dramatique ; elle n'avait jamais mis le pied sur une scène lorsqu'elle débuta, à Bruxelles, dans le principal rôle de *Montmartre* ; la flexible diversité en même temps que la constante justesse de son jeu furent étonnantes ; c'était vraiment une révélation ; mais Paris continuait à l'ignorer et il fallut qu'au cours des représentations de l'*Homme qui assassina*, au théâtre Antoine, l'occasion s'offrît à elle de remplacer Mlle Madeleine Lély dans le rôle de lady Falkland pour que l'on découvrît son surprenant talent. En Blanche Câline elle a de nouveau manifesté cette sincérité et cette variété de jeu qui lui permettent d'aller avec un naturel spontané de la fantaisie la plus gamine au pathétisme le plus douloureux. C'est une sensible et pure artiste.

Autour d'elle M. Gaston Dubosc était un Laforêt d'une souple autorité, M. Maupré un adroit Adrien Meunier, M. Lefaur un subtil Marseval, Mlle Lucienne Guett une somptueuse « coquette », Mme Eugénie Nau une logeuse inquiétante ; et il faut signaler encore M. Belières, d'un comique juste et discret, et M. Lainé.

GASTON SORBETS.

L'acheteur Français a compris!...
IL CHOISIT
LE COMPTEUR FRANÇAIS
DUCELLIER
(SYSTÉME FLAMAN)
CHEF D'ŒUVRE
DE PRÉCISION
...parce qu'il sait que notre Industrie Française est reconnue comme fournissant tout ce qu'il y a de meilleur, qu'il s'agisse de......
CANONS
AÉROPLANES
AUTOS
PHARES
COMPTEURS
DUCELLIER
Willocq, Regnault et Cie
25 - PASSAGE DUBAIL - 25 . PARIS
H. J. LECOQ/13

Une répétition de *Blanche Câline* au théâtre Michel.

M. G. Dubosc. Mme Michelle. M. Pierre Frondaie.

L'auteur de *Blanche Câline*, le manuscrit en main, attire l'attention du régisseur sur les détails d'un jeu de scène.

LES LIVRES & LES ÉCRIVAINS

Romans et Nouvelles.

« Il se peut difficilement imaginer quelque chose de plus exquis que la vie de Madame de Flouves lorsque, débarrassée d'un hymen où elle s'était laissé entraîner avec quelque précipitation, elle put s'abandonner librement à toutes les impressions de sa fantaisie. Ce n'est pas trop de dire qu'on vit en elle le parangon de la femme à la mode, délicieusement façonnée au goût du jour. » Et voici que, pour nous dire la vie jolie de la jolie Mme de Flouves dans le Paris ancien et insoucieux du dix-huitième siècle, M. André Lichtenberger va nous charmer par une profusion d'images et une prodigalité d'esprit, tourné, dans le plus galant des langages. Mais l'intérêt du récit ne s'arrête point à ces reconstitutions. Il vous faut savoir que la précieuse et blonde Mme de Flouves imagine de s'en aller rejoindre, par delà les mers, un certain baron de Gallichot, un grand original de philosophe, qui s'est décidé à vivre — parmi les Peaux-Rouges, et sous le nom de *Kaligouça le cœur fidèle* — la vie simple des hommes de la nature. La rencontre de la petite Mme de Flouves et du baron devenu sauvage valait une description. Elle est d'ailleurs suivie des plus émouvantes aventures, et le récit (Calmann-Levy) finit — comme dernière surprise — sur une note tragique et dans une vision sanglante.

Le roman historique tend à disparaître depuis que l'histoire a pris la forme du roman. Un dramatique récit de M. Ernest Daudet, les *Aveux d'un terroriste* (Ed. Grasset), un dernier volume du regretté Edmond Lepelletier, *Rivale de Marie-Louise* (Tallandier), et un roman de M. Georges Ohnet : le *Partisan* (Ollendorff) représentent cependant encore, dans les publications d'été, le genre rétrospectif. La « rivale de Marie-Louise » n'est autre, on le devine, que la belle comtesse Walewska. Quant au « partisan » il est le héros d'une histoire d'amour qui se déroule parmi les événements révolutionnaires de l'année 1834 — l'année des massacres de la rue Transnonnain.

La Crinoline enchantée, de M. Albert Boissière (Ed. Fasquelle), nous donne aussi des sensations de jadis. C'est, sur le second Empire, un très plaisant roman anecdotique, où revivent, à côté des personnages de l'intrigue, les figures caractéristiques de la Cour impériale, autour de Napoléon III et de l'impératrice Eugénie.

Le roman de M. Etienne Bricon, *Micheline Quinette*, est un roman de mœurs parisiennes et symbolique. Il y est démontré que l'excès d'argent est un mortel ennemi de l'amour, alors qu'il pourrait être tout aussi exactement démontré que le manque d'argent est un ennemi de l'amour, non moins mortel. Pauvre amour ! Il lui est, certes, fort difficile de vivre… Micheline Quinette, jeune fille moderne, meurt donc à la fleur de l'âge, sous les saints voiles de la religion pour avoir eu trop d'indépendance et trop d'argent.

M. C. F. Ramuz publie chez Ollendorff la *Vie de Samuel Belet*. Samuel Belet raconte lui-même son histoire, sa vie au village, sa vie tout entière, de travail et d'amour. Ce n'est, sans doute, pas un roman ; c'est un « journal » où, minute par minute, sont notés les sensations et les faits qui concourent à tracer du personnage un portrait saisissant de sincérité et de vie.

Et il ne faut pas oublier de signaler parmi les œuvres récentes qui s'offrent aux loisirs des vacances, les *Noces folles* (Ed. Grasset), le roman d'amour très personnel et d'une très exacte observation, de M. Eugène Montfort ; la *Folie du comte Lucien* (Petite collection de l'Art et les Artistes), une fine gerbe de sept nouvelles dues à la plume très artiste de M. Armand Dayot ; *Graine de roi* (Lemerre), par M. Eugène Jolicière qui nous conte avec talent un des drames les plus émouvants de la vie secrète des princes ; les *Foudroyés* (Ed. Ficker), par M. Louis Lamapret, une œuvre poignante et puissante malgré certaines longueurs de ce récit de 460 pages qu'il eût été habile de resserrer un peu ; l'*Héritage de Tippou Akbar* (Grasset), par M. Georges Richet, qui mêle assez habilement le fantastique au réel ; l'*Homme sur la cime* (Plon), par M. Octave Aubry, une œuvre clairement écrite et noblement pensée ; le *Songe d'Attis* (Grasset), par Mme Reynès Monlaur, qui met toujours l'art au service de l'idéalisme ; une édition définitive des admirables récits du colonel Baratier : *Epopées africaines* (Perrin) ; la *Reprise* (Grasset), par M. Maurice Lair qui conduit le lecteur dans les milieux curieux et peu connus du socialisme industriel allemand ; le *Mal de la gloire* (Sansot), par M. Henri Allorge ; les *Jeux dans la brume* (Fontemoing), par M. Paul Rabot ; le *Menhir* (Sansot), roman d'actualité bretonne, par Mme la comtesse de Pesquidoux, *Sur la Lande*, flâneries militaires (Grasset), par M. Ludovic de Guillebon ; *Rédemption* (Sansot), par Mme Juliette Martineau ; *P'tite Mère* (Perrin), l'œuvre poignante de Karin Michaëlis Stangeland, traduite par MM. N. Valentin et M. Klein ; *En silence* (Le Thieilleux), par M. F. Parn, un roman d'une observation très personnelle et d'une intéressante psychologie.

Pour les voyageurs.

Signalons dans la collection des guides Baedeker la dix-huitième édition d'un volume particulièrement appréciée : *Italie septentrionale*. Cette nouvelle édition vient à son heure, car la précédente date de 1908. Contenant une centaine de pages de plus, elle donne quantité de renseignements nouveaux.

Pour les artistes.

Signalons également, dans la série l'*Art de notre temps*, l'album qui vient de paraître sur Gustave Moreau, illustré de 48 planches avec notices, et précédé d'une étude de M. Léon Deshairs, conservateur de la bibliothèque des Arts décoratifs.

ARCHITECTURE ET DÉCORATION

LES VILLAS JAPONAISES

Les villas japonaises, comme d'ailleurs la plupart des constructions du Japon, sont en bois. Ce choix s'explique par la fréquence des tremblements de terre ; sur ce sol sans cesse agité, des maisons de pierre seraient vite ébranlées et renversées, aussi ne fait-on qu'un seul étage afin de diminuer les risques de chute, les carreaux de verre, dangereux en cas de secousses, sont remplacés par du papier diaphane posé sur de petites lattes. Les murs extérieurs (il n'existe à l'intérieur aucune séparation fixe) sont réduits le plus possible ; ils sont faits d'une mixture de paille hachée et d'argile formant remplissage entre des poteaux de bois ; une pâte de coquillages écrasés sert à enduire ces parois légères. Très souvent, pourtant, les parois sont simplement faites de lattes de bois entre lesquelles sont tendues des feuilles de papier. Toute la construction repose sur des petits dés en pierre, donnant une grande élasticité à l'ensemble et permettant en outre l'écoulement des eaux sous les planchers sans les atteindre.

Comme aspect extérieur, la maison nippone est basse, presque toujours encadrée de terrasses aux balustrades simples et robustes ; les toits débordent projetant de l'ombre dans les pièces peu élevées ou préservant de la pluie les jours d'orage. Sur beaucoup d'estampes, on peut voir ces maisons aux toits très en saillie avec les habitants à l'abri se livrant à leurs occupations en plein air malgré la pluie qui raie le paysage de ses longs traits obliques. Ces toits sont en chaume, en bois desséché ou en tuiles noires bordées de blanc. Les baies sont vastes ; des chassis mobiles divisés par des croisillons et glissant dans des rainures remplacent les fenêtres.

A l'intérieur, le bois qui remplit tous les offices n'est jamais peint, mais gardé intact par de fréquents savonnages. Un escalier de bois droit et de pente dure conduit à l'unique étage. Cet étage se compose d'une grande salle que l'on peut diviser à l'aide de cloisons de papier glissant dans des rainures ; le parquet est recouvert de nattes. Dans un des murs, une petite niche, tokonoma, est garnie de fleurs ; à côté, dissimulées par des panneaux de papier blanc que décorent des dessins à l'encre de Chine, de petites alcôves servent à déposer les vêtements. Au plafond, les poutres sont apparentes en bois naturel, soigneusement nettoyé.

Ce qui différencie complètement l'intérieur japonais des autres intérieurs, c'est l'absence totale de meubles. Pas de tables, pas de chaises, pas de lit ; on dine accroupi, on dort allongé sur des nattes, enveloppé dans des couvertures, la tête sur un petit chevalet d'acajou afin de ne pas déformer les coiffures des femmes. Un grand baquet de bois remplace la salle de bains.

Dans ces maisons, tout est blanc, propre, méticuleusement entretenu, simple de lignes, d'aspect net avec des angles droits et des arêtes vives et dans les moindres détails on trouve un souci de la décoration. Ainsi les clous sont recouverts de menues garnitures de bronze ciselé, les trous des châssis mobiles où s'introduisent les doigts pour les déplacer sont ornés de petits cercles de métal ouvragé, les extrémités des chanfreins des poutres sont agrémentées de microscopiques sculptures.

Le Japonais, grand adorateur de la nature, vit autant dans son jardin que dans sa maison. Le jardin, entretenu avec soin, semble faire partie de l'habitation, mais si la maison est composée de lignes droites, le jardin est dessiné avec fantaisie ; il est contourné ; pas d'allées, les sentiers sont indiqués par des pierres plates serpentant sur le gazon disposé en monticules ; de petits ruisseaux que l'on passe sur de gros cailloux se perdent parmi les fleurs innombrables et inodorantes ; des lanternes, taillées dans la lave, émergent de buissons d'arbres nains, centenaires, contournés et torturés.

Exposée aux intempéries de toutes les saisons, neiges de l'hiver, soleil torride de l'été, pluies abondantes, une maison japonaise doit parer à toutes ces rigueurs du climat ; aussi, chez nous où les variations climatériques sont moins brutales, une maison japonaise ne choquerait point. Il faudrait évidemment l'approprier à nos besoins et à nos habitudes, la concevoir plus solide, la meubler, la peindre, la défendre ; mais les principes qui président à sa construction sont excellents : lignes simples, silhouette basse, larges baies, décoration judicieusement placée, de l'air et du soleil.

Une villa japonaise.

La maison japonaise, avec son toit noir et ses parois de papier, carrée et nette, au centre du petit jardin veiné de ruisselets et taché de ses fleurs sans odeur, pourrait sinon servir de modèle du moins inspirer utilement l'architecture rurale moderne.

ROB. MALLET-STEVENS,
architecte.

Le Directeur : RENÉ BASCHET. Imprimerie de L'Illustration, … rue Saint-Georges, Paris …

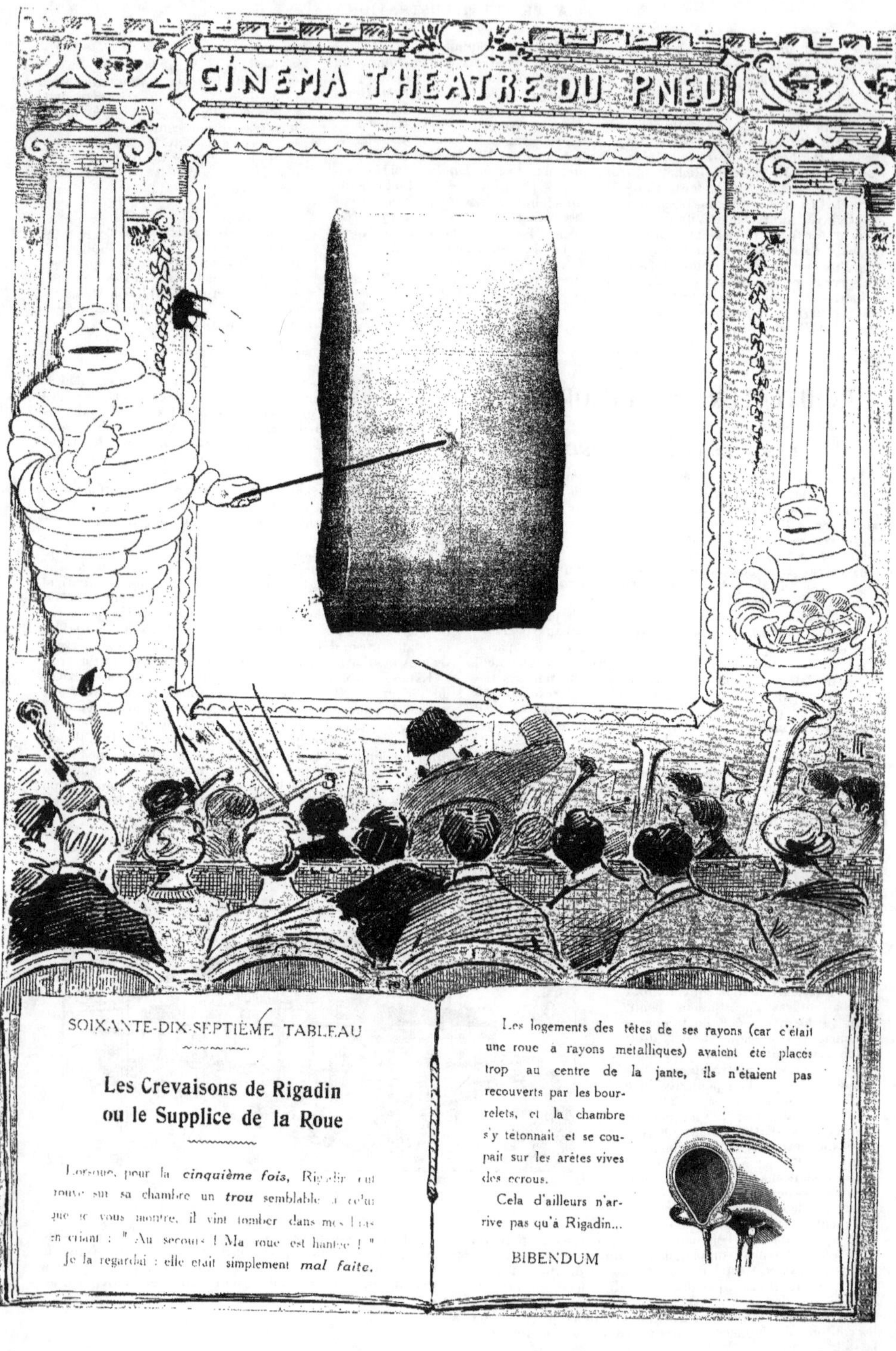
CINEMA THEATRE DU PNEU
SOIXANTE-DIX-SEPTIÈME TABLEAU
Les Crevaisons de Rigadin
ou le Supplice de la Roue
Lorsque, pour la *cinquième fois*, Rigadin eut trouvé sur sa chambre un *trou* semblable à celui que je vous montre, il vint tomber dans mes bras en criant : " Au secours ! Ma roue est hantée ! "
Je la regardai : elle était simplement *mal faite.*
Les logements des têtes de ses rayons (car c'était une roue à rayons métalliques) avaient été placés trop au centre de la jante, ils n'étaient pas recouverts par les bourrelets, et la chambre s'y tétonnait et se coupait sur les arêtes vives des écrous.
Cela d'ailleurs n'arrive pas qu'à Rigadin...
BIBENDUM

www.ingramcontent.com/pod-product-compliance
Lightning Source LLC
La Vergne TN
LVHW012019160826
845678LV00002B/918

9782329652771